KB043082

_____ 님께 드립니다.

리더는
어떻게
성장하는가

Telling Fairy Tales in the Boardroom

리더가 스스로
던져야 할
5가지 질문

리더는
어떻게
성장하는가

맨프레드 케츠 드 브리스 지음 | 김현정·문규선 옮김

더블북

조직을 살리는 리더가 되기 위한 로드맵

어느 조직이나 리더는 매우 중요하다. 리더 또한 계속 나오고 있다. 그러나 그렇게 쏟아져 나오는 많은 리더가 '도대체 리더는 무엇을 해야 하는가?', '리더는 어떤 단계로 성장해야 하는가?' 이런 질문에 답을 찾지 못한 채 그저 전임자가 해온 방식을 따라서 업무를 수행하는 것이 현실이다.

이 책은 리더들이 무엇을 해야 하고, 어떤 단계로 성장해야 하는지를 말하기 위해 5가지 질문을 던지며 답한다.

첫 번째 질문은 '나는 누구이며 무엇을 열망하는가?'이다. 리더가 자신을 알지 못할 때 독선이 이루어진다. 자신의 강점이 무엇이고 단점이 무엇인지, 그리고 자신의 열망이 무엇인지를 알고 성찰할 때 비로소 변화가 이루어진다. 이를 인식하는 것이 리더의 첫 번째 단계이다.

두 번째 질문은 '건강한 자기애를 가졌는가?'이다. 많은 리더가 강한 자기애를 가지고 있다. 그러나 과도한 자기애는 오만으로 인도한다. 자신을 사랑하되 구성원들에 대해서도 따스하고 온화한 건강한 자기애가 필요하다.

세 번째 질문은 '사람들에게서 최선을 끌어내는가?'이다. 첫 번째, 두 번째 단계는 리더 개인에 대한 부분이라면, 이제 다른 사람에게로 확장된다. 리더는 자신을 성찰하는 데 그쳐서는 안 된다. 구성원들에게 영감을 주고 그들이 가진 잠재력을 끌어내야 한다. 이를 위해 필요한 것이 무엇인지를 제시하고 있다.

네 번째 질문은 '성공하는 팀은 무엇이 다른가?'이다. 이제 팀으로 진화한다. 리더 자신을 성찰하고 구성원들의 의욕을 끌어내는 데서 한 단계로 더 나아가 팀을 구축하고 성공시킨다. 팀을 성공시키기 위해서는 무엇이 필요할까? 방향성, 목표, 우선순위, 책임, 점검, 협력 등이 필요하다.

다섯 번째 질문은 '진정성 있고 생기 넘치는 조직인가?'이다. 이 단계는 문화를 만드는 단계이다. 이제 팀을 성공시킬 뿐 아니라 지속가능한 단단한 문화를 조성한다.

결국, 리더는 개인의 성찰에서 출발해서 타인에 대한 관심으로 내연을 확장해야 한다. 그리고 팀을 성공시키고 이를 지속하는 문화를 만들어나가는 것이 리더가 해야 할 일이고, 또한 리더의 성장

단계이다. 물론, 이러한 단계는 꼭 순차적일 필요는 없다. 현장에서는 이 5가지가 복합해서 병렬적으로 이루어진다.

이 책은 우화를 통해 매우 읽기 쉽게 쓰여 있다. 그러므로 리더들은 조금 더 분명하면서도 실제로 리더가 무엇을 어떻게 해야 하는지 이해할 수 있다.

많은 대한민국 리더들이 이 책을 통해 무엇을 하고, 어떻게 성장해야 하는지에 대해 깨닫고 실행한다면 우리 조직과 사회는 훨씬 더 선해지고 건강해질 것이다.

2022. 1.
신수정 · KT Enterprise 부문장

회의실에서 도깨비 동화 읽기

아시아의 다른 나라들은 자주 방문했었지만 한국에는 한 번도 가본 적이 없다. 그렇다고 해서 내가 한국에 관심이 없다는 뜻은 아니다. 오히려 그 반대다! 한국에 대한 나의 호기심을 생각하면 아마 한국 방문은 시간문제일 것이다. 대신 이 호기심을 채우기 위해 나는 한국 영화를 관심 있게 본다. 한 나라에서 만들어진 영화는 그 국가의 성격을 들여다볼 수 있는 큰 창이기 때문이다.

한국 영화에 관심을 갖다 보니 한국의 신화나 풍부한 전설, 전래 동화에도 관심이 많아졌다. 특히 한국의 민속과 동화의 중심에 있는 '도깨비' 이야기는 대단히 흥미롭다. 도깨비의 외모는 혼을 쏙 빼놓을 정도로 무서운데, 다양한 초능력으로 사람들에게 축복을 주기도 하고 사람들을 혼내주기도 한다.

이러한 미신적 존재는 요정, 괴물, 용, 난장이나 마녀처럼 어느 문화권에나 매우 흔하다. 하지만 도깨비는 한국의 로빈 후드 같은 귀신, 혹은 영靈인 것 같다. 그는 탐욕스러운 부자들로부터 금은보화를 훔쳐다가 착하고 가난한 사람에게 가져다준다. 사람들을 벌벌 떨게 하면서도 친절함을 지니고 있는 매우 역설적인 존재다. 그들은 특별한 힘과 기술을 이용해 사람을 매혹시키고 놀리고 짓궂게 도발한다. 어떤 면에서 도깨비는 서구의 고블린이나 트롤과 비슷하며, 또 어떤 면에서는 인간처럼 장난스럽고 추악하고 위협적이다. 농담과 내기를 좋아하고 착한 사람에게는 상을 주기도 하는 독특한 성격도 지녔다.

정신분석학자로서 나는 도깨비가 무엇을 상징하고, 어떤 의미를 지니고 있는지 궁금하다. 이 도깨비가 한국인들의 내면 극장과 심리 깊은 곳에서 어떤 역할을 하고 있는지 알고 싶다. 온 세계에 퍼져 있는 샤머니즘적 행위와 관습을 감안할 때, 도깨비는 인간과 저세상 사이를 연결해주리라는 희망을 갖고 만들어낸 환상적 존재로 생각할 수 있다. 더 나아가 도깨비는 한국 사회에서 사람들이 해야 할 것과 해서는 안 되는 것에 대해 가르쳐주고 있을 것이다. 도깨비는 한국 문화를 바라보는 특별한 렌즈이다.

한국인들은 (다른 나라 사람들과 마찬가지로) 이미 태곳적부터 이러한 초자연적인 존재에 매료되었으리라 생각한다. 우리 조상들은 지금의 우리보다 훨씬 더 많이 예상 밖의 자연현상에 노출되어 있었으며, 자신들은 알 수 없는 자연의 변화를 설명하고 납득하는 데에는 이러한 종류의 이야기가 유용했을 것이다. 따라서 도깨비의 익살스러운 행동은 여러 면에서 사람이 지닌 실존적 불안의 반영이라고 볼 수 있다(인간의 존망을 위협하는 급작스러운 자연의 변화를 도깨비의 익살스러운 장난으로 해석함으로써 안심하기도 하고 무서워하기도 하였다-옮긴이). 따라서 이런 미신적 존재에 대한 이야기는 한국인의 정신적 선입관에 대한 단초를 제공해준다.

도깨비 이야기 중 하나를 예로 들어볼까 한다. 산속에 혼자 살고 있는 노인이 있었는데, 어느 날 도깨비가 이 노인을 찾아왔다. 그들은 꽤 잘 지냈고, 꽤 오랜 시간을 함께 보냈다. 그러다가 한번은 노인이 산에서 내려가다가 물에 비친 자신의 모습을 보게 되었다. 가까이서 자세히 보고는 자신이 도깨비와 비슷한 얼굴로 변한 것을 보고 깜짝 놀랐다. 도깨비가 친 장난이라는 걸 안 노인은 화가 머리 끝까지 났다. 노인은 도깨비가 더 이상 짓궂은 장난을 못하게 하기로 마음먹고는, 이 장난꾸러기에게 오히려 장난을 치기로 했다. 노인은 도깨비에게 제일 무서워하는 것이 무엇이냐고 물었다. 그러자 도깨비는 "나는 피가 제일 무서워. 너는 뭘 제일 무서워하는데?"라고 말했다. 도깨비 못지않은 익살꾼인 노인은 이렇게 대답했다.

　"나는 돈이 제일 무서워. 나는 돈을 피해서 여기 살고 있는 거야."

　이후 노인은 사슴을 잡아서 자신의 움막에 온통 사슴 피를 발라

놓았다. 움막을 찾은 도깨비는 피범벅이 된 움막을 보고는 완전히 겁에 질려 도망가며 외쳤다.

"이 나쁜 놈! 너도 똑같이 당해봐라!"

다음 날 도깨비는 그 움막에다가 돈을 산더미처럼 던져놓고 도망 갔다. 결국 노인은 그 근방에서 최고의 부자가 되어 그 이후로 행복 하게 살았다.

이러한 미신적 존재는 이해하기 어려운 세상을 이해하는 하나의 방식으로 큰 역할을 해왔다. 이 하나의 이야기만으로도 우리는 한 국 문화의 한 부분을 읽을 수 있다. 우리가 가난과 외로움, 정체성 상실과 죽음을 두려워한다는 것을 알 수 있다. 이런 도깨비 이야기 는 한국인들의 마음속에 무엇이 들어 있는지를 이해하는 왕도가 될 수 있다.

무엇보다 중요한 것은 이러한 동화를 깊이 이해하면, 코치나 조력자 역할을 해야 하는 사람들이 클라이언트의 니즈를 파악하는 데 도움이 된다는 것이다. 나는 사람들에게 삶의 변화에 대한 더 많은 통찰력을 제공하기 위해 오랫동안 동화를 활용해왔다.

보다 효과적인 리더십 코칭을 위해 동화에 갖게 된 일반적인 호기심과는 별도로, 한국 문화에 대한 나의 구체적인 관심은 인시아드INSEAD를 연구 현장으로 삼아 연구원 활동을 한 제자이자 이 책의 옮긴이 중 한 명인 김현정과의 인연에서 촉발되었다. 그녀는 내가 인시아드 글로벌 리더십 센터INSEAD Global Leadership Center 소장이었을 때 연구원으로 왔는데, 내가 어떻게 심리적 기법과 조직연구 이론을 연결시켜 인시아드에서 코칭 프로그램을 만들고 운영하는지에 관하여 연구했다. 그녀의 박사논문을 보면, 내가 만든 센터를 진정성 있고 생기 있는 조직으로 보았고, 나를 '조직의 광대Organizational fool'와 같은 성격으로 분석해놓았다. 조직 변화의 도화선이 되는 이 역할은 도깨비와 꽤 비슷하다는 생각이 든다. 그리고 조직에 변화를 가져오는 존재로서 내가 어느 정도는 그러한 역할을 해왔지 않나 싶다. 코칭이 변화를 위한 효과적인 도구가 될 수 있다는 것을 생각하면, 그녀는 나의 책을 한국 독자에게 '조직의 광대'로 소개하는 데 큰 도움이 되었다. 또한 그녀는 리더가 겪는 위험과 함정을 어떻게 피할 수 있을지에 대해서도 매우 잘 이해하고 있으며, 열정적으로 리더십 코칭을 실천하고 그 중요성을 설파하고 있다.

  본서에서, 나는 현명한 광대인 도깨비 역할을 하고자 했다. 아마 옮긴이인 김현정도 그런 역할을 해왔기에 나의 수많은 저서 중에서 이 책을 선택했을 것이다. 이 책을 읽으면서 독자들은 리더십의 다양한 문제점이 세계 어느 곳에서나 일어나고 있음을 깨달을 것이다. 한국의 리더들도 예외가 아니다. 작금의 한국 정치와 경제의 주요 인물들이 보여주는 오만이 그 한 예일 것이다.

조직의 광대로서 나는 한국의 관리자들이 리더들을 위한 이 동화를 읽으며 차후 그들이 리더의 자리에 올랐을 때 다양한 위험을 마주할 수 있다는 것을 깨닫기를 바란다. 주위를 환기시키는 이러한 이야기는 자신에 대해 더 현명하게 인식하고, 세상을 바꾸는 리더가 되는 데 매우 중요한 첫걸음이 되어줄 것이다. 그러나 안다고 해서 그것이 전부는 아니다. 알게 된 것을 통해 바른 실천을 이끌어내야 한다.

　리더가 된 후 우리는 무엇이 문제를 일으키는지에 대해 피상적으로 언쟁이나 할 수도, 아니면 진정으로 무엇이 진짜 문제인지 터놓고 이야기할 수도 있다. 본서의 이야기들은 우리가 진짜 문제에 대해 이야기함으로써 진정성 있고 생기 넘치는 조직, 즉 사람들이 그들 자체로 존재할 수 있으며 그들의 최선을 이끌어내는 조직으로 변화할 수 있는 로드맵을 제시한다. 그런 곳을 만들어내기 위해 우리는 이 라틴 속담을 새겨둬야만 할 것이다.

"자기 자신을 다스리지 못하는 자가 다른 사람을 다스리는 것처럼 어리석은 일은 없다."

맨프레드 케츠 드 브리스

차례

추천사   조직을 살리는 리더가 되기 위한 로드맵   4

한국어판 서문   회의실에서 도깨비 동화 읽기   8

프롤로그   동화 같은 해피엔딩을 위하여   19
          그 이후로 내내 행복하여라

1   나는 누구이며 무엇을 열망하는가   29
    흰 까마귀 이야기

2   건강한 '자기애'를 가졌는가   69
    곰이 된 왕 이야기

3   사람들에게서 최선을 끌어내는가   115
    친절한 노파 이야기

4   성공하는 팀은 무엇이 다른가   149
    사형제 이야기

5   진정성 있고 생기 넘치는 조직인가   191
    사자 왕 이야기

에필로그   흔들리는 바다에서 등대가 되어 주는 이야기   219

동화 같은
해피엔딩을
위하여

그 이후로
내내 행복하여라

자신과 조화롭게 사는 사람은
세상의 모든 것과도 조화롭게 살아간다.
_마르쿠스 아우렐리우스 Marcus Aurelius

당신이 친절하지 않으면, 세상 누구도
당신에게 친절을 베풀지 않는다.
_티베트 속담

살면서 배운 진리보다도 어린아이 때 들은 동화가
인생에 더 깊은 의미로 남는다.
_프리드리히 실러 Friedrich Schiller, 독일 시인

내면세계의
탐구

　　　　　　신화 연구가인 조셉 캠벨Joseph Cambell은 그의
책,《천의 얼굴을 가진 영웅》에서 "동화, 신화, 그리고 영혼을 울리
는 희극에서의 해피엔딩은 모순이라기보다는 인간이 보편적으로
경험하는 비극을 초월하는 것으로 읽혀야 한다."라고 썼다. 본서에
등장하는 동화는 리더가 범하기 쉬운 리더십의 다섯 가지 치명적
위험과 잘못을 묘사하고 있다. 나는 리더들이 이러한 위험에 당당
하게 직면하는 것이 감성적으로나 정신적으로 성장할 수 있는 유일
한 길이라고 믿는다.

　다섯 가지 동화의 핵심은 '인격적인 성장'이다. 주인공들은 과거
의 삶을 떠나서 미지의 삶으로 들어간다. 그리고 그곳에서 다양한
도전 과제에 직면하고 헤쳐 나감으로써, 자신들이 가진 높은 잠재

력을 발현한다. 이러한 동화 속 주인공들에게 가장 우선적으로 주어진 과제는 그들 내면을 들여다보며 자신이 어떤 사람이고, 자신에게 진정으로 중요한 것은 무엇인지를 밝혀내는 것이다. 이와 같은 자기 점검 프로세스를 통해 그들은 리더로서의 잠재력을 품고 있는 자기 내부를 인식하게 된다.

이러한 동화를 리더들에게 소개하는 가장 큰 이유는 '리더십을 마스터한다는 것은 자기 자신을 마스터하는 것과 같다.'는 것을 강조하기 위해서다. 리더십 함양이란 자기 수양과 동의어다. 여기 소개하는 동화가 묘사하듯 자기 자신을 극복해내면 아무리 어려운 도전이 닥쳐와도 피하지 않을 수 있다. 도전에 직면하고 이를 뛰어넘을 때, 리더는 감정적·정신적으로 크게 성장한다.

이 책의 동화는 리더십 함양이 최신의 경영이론을 학습하는 것보다 더 중요하다는 것을 보여준다. 리더에게 필요한 것은 제대로 된 방식과 제대로 된 숫자만이 아니다. 성공하는 리더가 되려면 자신이 가진 독특한 능력과 열정을 제대로 파악해야만 한다. 이는 우리 자신과 다른 사람을 공명판soundboard으로 이용하는 법을 배우고, 환경과 조화를 이루고 다른 사람과 조화를 이루는 방법을 배워야 한다는 의미이다. 진정한 리더십을 발휘하기 위해 우리는 내면의 세계와 조화를 이루어야 한다. 우리는 스스로가 진정 무엇을 원하고,

그리고 그것을 우리가 왜 원하는지 알 때, 자신에 대해 긍정적인 감정을 갖는다. 나는 동화 속 등장인물들이 독자 내면에 존재하는 영웅들을 불러일으켰으면 한다. 또한 이 이야기가 리더들에게 내면여행을 시작하고 변화를 만들어낼 힘을 제공하기를 바란다.

자신이 뭔가를 할 운명이라거나, 뭔가 특별한 사람이 될 것이라고 생각했던 어린시절을 기억할 것이다. 우리는 어떤 식으로든 독특한 존재가 되고자 열망했다. 이러한 마음은 시간이 흐른다고 해서 절대 사그라지지 않는다. 어른이 된 이후에도 우리는 의미 있는 기여를 하고 싶어하고, 그로써 보람을 느끼고 남들도 그것을 알아주기를 바란다. 본서의 동화는 읽는 동안 우리에게 의식적으로 알아내지 못하는 상징적이고도 잠재적인 메시지를 남긴다. 어떤 이들은 이야기 표면에 드러난 가치만을 읽게 될 것이고 또 어떤 이들은 이야기 속 깊숙이 담겨 있는 상징에 마음 깊이 응답할 것이다.

어린아이들은 동화를 읽으면서 상징을 이해하고 이를 통해 심리적 갈등을 극복하고 다음 단계로 성장하는 방법을 학습한다. 이는 유아심리학자 브루노 베텔하임Bruno Bettelheim의 저서 《옛이야기의 매력》의 핵심 내용 중 하나이다. 베텔하임은 동화란 어린아이들이 어른으로 가는 길목에서 마주치는 갖가지 문제와 욕구를 무의식적으로 직면하도록 돕는 실존적 드라마라고 주장한다. 동화는 가장 기본적인 실존적 질문, 즉 '나는 누구지?', '좋은 삶이란 무엇이지?', '나는 어디에 속해 있지?', '어떻게 해야 올바른 선택을 할 수 있지?', 그리고 '나의 소명은 무엇이지?'와 같은 질문에 답하도록 한다.

이러한 동화는 상징적 언어를 사용함으로써 자신을 더욱 발전시키려면 무엇을 어떻게 해야 하는지를 발견할 수 있도록 돕는다. 동화가 우리가 사는 실제 세상을 그대로 반영하지는 않는다 해도, 어린아이들은 동화를 통해 그들의 언어와 인지적 체계로는 이해하거나 통제할 수 없는 내면의 세계를 인식하게 된다. 동화를 통해 아이들은 현실을 탐험하고 위험천만한 세상에서 살아남을 수 있는 방법을 배운다.

인간의 심리 깊은 곳에 각인된 동화를 고려할 때, 이 책에서 소개하는 다섯 편의 동화가 성인 독자들도 사로잡고 상상력을 자극할 것이라고 믿는다. 어린아이들이 갖는 실존적 질문은 어른이 되어서도 그대로 남아 있게 마련이다. 우리는 삶의 중요한 전환기나 소용돌이 속에서 스스로를 정의하고 또다시 정의하는 고통을 겪는다. 고대 델포이Delphi의 신전 입구에 쓰인 "너 자신을 알라."라는 글귀는 수세기에 걸쳐 인류에게 깊은 울림을 주고 있다. 우리가 자신이 어떤 사람인지, 그리고 자신이 진정으로 무엇을 원하는지 알지 못한다면 결코 성공적인 삶의 전환을 만들어낼 수 없을 것이다.

심리적인 거울로서의
동화

나는 다섯 개의 이야기를 통해 동화가 심리적 거울이라는 것을 보여주고자 한다. 처음 볼 때는 동화가 단지 우리 자신의 이미지를 비추어 반영하는 것 같지만, 찬찬히 곱씹다 보면 그 이상의 것, 내면의 혼란과 이를 극복하고 평온을 얻는 길을 발견할 수 있다. 나이 들수록 우리는 동화를 더욱 복합적으로 이해하게 되며, 그 안에서 익숙한 실존적 위기와 깊이 있는 진실을 마주하게 된다.

나는 이 다섯 편의 이야기가 리더들 삶의 어느 장면에서든, 특히나 그들의 집무실에서 울림을 주기를 바란다. 어떤 독자라도 이야기의 정수, 주제, 그리고 마술적 사건을 이해하고 재해석하고 확장해서 자기 삶에 적용할 수 있을 것이다. 나는 독자들이 자신들의 환경과 겪고 있는 어려움을 보다 더 잘 이해하고, 이를 해결할 가장 좋은 방법을 실천하도록 독려하기 위해 이 책을 집필하였다.

나는 다섯 가지 이야기의 중심에 자리하고 있는 심리적 치유 프로세스가 모든 독자에게 영감을 불러일으키기를 바란다. 이야기 속

영웅이 처음에는 고난을 만나지만 결국은 성공적으로 극복하는 것처럼, 리더들도 이 이야기에 자극을 받아 그러하기를 희망한다. 동화 속 세상은 비록 동물이 말을 하고 다양한 괴물이 나타나는 상상의 세계이지만, 독자들은 이야기 속에서 현실 세계와의 강력한 연결 고리를 읽어낼 수 있을 것이다.

이 이야기는 리더들이 다섯 가지 치명적 위험을 어떻게 다루어야 할지에 대해 통찰력을 제공한다. 이야기의 등장인물들을 따라가는 동안, 선과 악 사이에서 고민하는 우리 내면의 투쟁을 이해하게 될 것이다. 나는 실존적 관점에서 이 모든 이야기가 행복의 성취로 마무리될 수 있다고 선언한다. 미덕은 보상 받고 악과 우둔함은 벌을 받는다. 그리고 약한 이들은 강해진다.

철학, 종교, 그리고 심리학은 인생의 의미에 대해 지속적으로 질문한다. 마크 트웨인Mark Twain은 말한다. "인생에 있어 가장 중요한 두 날은, 당신이 태어난 날과 그 이유를 깨닫는 날이다." 인생에 있어서 가장 중요한 것은 우리가 누구인지 알 기회와 그럴 수 있는 능력을 획득하는 것이다. 인간으로서 가장 두려운 일은 생을 마감할 때 진정으로 자신의 인생을 살아본 적이 없음을 깨닫는 것이다. 우리는 인생을 충분히 살아내고, 중요한 것들을 실행하고, 그리고 세상에 변화를 만들어내고 싶어한다. 결국 이를 성취해내는 것, 그것이 삶에 있어서 가장 큰 도전이 될 것이다. 요컨대, 나는 이 책에 담긴 짧은 동화를 통해 독자들이 변화를 만들어내는 방법, 성공하는 리더가 되는 방법, 그리고 리더십의 치명적인 다섯 가지 위험을 피해 갈 방법에 대한 통찰을 얻기를 간절히 바란다.

1

나는 누구이며
무엇을
열망하는가

흰 까마귀 이야기

다른 사람을 아는 사람은 지혜로운 사람이다.
자기 자신을 아는 사람은 깨달은 사람이다.
_노자

당신이 첫 번째로 알아야 할 사람은 바로 당신이다.
자신을 아는 사람은 그 자신을 바깥으로 걸어 나가게 할 수 있고,
자신의 행위를 관찰자의 눈으로 볼 수 있다.
_ 애덤 스미스 Adam Smith

남들이 모르는 것을 알아야 한다. 남들은 모르는
자신을 알아야 비로소 나를 아는 것이다.
_돈 드릴로 Don DeLillo, 소설가

당신은 당신 자신이 도대체 누구인지를 밝히기 위해
여기 이 땅 위에 존재한다.
_에릭 마이클 레벤탈 Eric Michael Leventhal, 명상 작가

" 옛날에 지혜로운 왕이 있었다. 그는 백성들에게 매우 사랑 받고, 주위의 다른 나라로부터도 존경받아서 살아 있는 위대한 군주로 추앙되었다. 그의 통치하에서 산업과 예술은 꽃처럼 활짝 피어났고, 일하는 자들은 번창했으며, 모든 사람이 행복해했다.

모두가 알고 있듯, 왕은 그가 통치를 잘할 수 있도록 도와주는 마법의 거울을 갖고 있었다. 매일 아침 왕은 그 거울 앞에 서서 거울에 비친 자신의 모습을 살폈고, 그러면 자신의 강점과 약점을 파악할 수 있었다. 당당하게 서 있는 자신의 모습을 보면서 왕은 자신이 직면한 문제를 파악하고, 그것을 어떻게 해결해야 하는지, 중요한 사안과 중요하지 않은 사안은 무엇인지, 그리고 자신이 어떤 의사결정을 해야 하는지에 관해 알아차릴 수 있었다. 그리고 거울에서 돌아서서는 그의 왕국을 정의롭고 배려 있게, 그리고 지혜롭게 통치할 것이라는 자신감에 차 있는 스스로를 발견했다.

그러나 왕의 생각처럼 왕국의 모든 백성이 행복하지는 않았다. 어두운 숲속 깊은 동굴에는 백성에게 사랑받는 왕을 질투하는 사악한 마귀가 살고 있었다. 시간이 갈수록 백성들은 더 행복하고 건강하고 부자가 되어갔지만, 사악한 마귀의 증오도 그만큼 점점 커져만 갔다.

어느 날, 왕이 백성들을 만나러 먼 곳으로 갔을 때 사악한 마귀는 궁에 몰래 잠입해 왕의 침실로 들어가서는 마법의 거울에 사악한 주문을 걸었다. 그러고는 "이제 왕이 어떻게 왕국을 다스리는지 보자." 하며 허리를 젖히고 크게 웃었다.

다음 날 아침, 왕은 평상시처럼 잠자리에서 일어나 거울 앞으로 갔다. 그러나 거울 앞에 섰을 때 뭔가 끔찍한 일이 일어났다는 것을 직감했다. 왕은 거울에 비친 자신의 모습에서 더 이상 아무것도 알아챌 수가 없었다. 모든 일이 어긋났고 혼란스럽기만 했다. "내가 정말 이런가?" 왕은 스스로에게 물었다. "이것이 나의 진짜 모습인가? 다른 데 비친 모습은 다 거짓인가?" 매일매일 거울은 왕이 모르는 누군가를 비추었다. 왕은 자신감을 잃어버리기 시작했다. 왕은 몹시 언짢아졌다. 스스로가 한 의사결정에 의문이 들기 시작했고, 자꾸만 마음이 바뀌었다. 더 이상 자신이 하는 일이 옳다고 확신할 수가 없었다. 왕의 혼란과 의심은 어전회의로까지 이어졌다. 드디어 사람들은 통치자에게 무슨 일이 일어난 것 같다는 불안과 의심을 갖기 시작했다. 정의롭고 지혜롭고 자애로웠던 왕이, 약하고 자신 없고 변덕스러워 보였다. 사람들은 여기저기서 쑥덕였고 우려하는 눈빛을 주고받았다. 왕국에서 들려오는 이러한 불만의 소리는 사악한 마귀에게는 반가운 소식이었다.

그러나 시간이 조금 지나자, 왕국의 백성들은 통치자의 변화한 모습에 익숙해지기 시작했다. "예전처럼 훌륭하지는 않지만 그다지 나쁘진 않네."라고 말하면서 "다른 왕국보다는 잘 운영되고 있잖아. 비교해보면 별로 나쁘진 않아."라며 서로를 위로했다. 이런 소문은 마귀를 더욱 화나게 했다. 이제야 왕이 미움을 받나 싶었는데 그렇지가 않았다.

어느 날 왕이 그의 보좌관과 왕실에 있을 때 마귀는 다시 한번 왕의 침실에 침입했다. 그러고는 아예 거울을 들고 나와 산 정상으로 가져가버렸다. 산 정상에서 마귀는 거울의 윗부분을 잡고서는 두 번째 저주를 외우며 깎아지른 듯한 절벽으로 거울을 던져버렸다. 거울은 깨져 수만 개의 조각으로 부서졌고, 그 저주받은 조각은 바람에 날려 왕국에 있는 모든 사람의 눈에 박혀버렸다.

그 이후 왕국의 모든 백성은 비록 작지만 저주받은 거울 조각 때문에 세상을 왜곡해서 보게 되었다. 눈 속에 박힌 작은 파편 때문에 왕국의 백성들은 그들 자신이 누구인지 인식하는 감각을 완전히 잃어버렸다. 왕이 그랬던 것처럼 그들도 자기 안에서 이방인이 되어버렸다.

생각보다 빠르게, 현명하고 배려 깊고 정의로웠던 왕국은 현실을 잃어버린 혼란스럽고 불행한 나라가 되었다. 조화로웠던 곳에서는 불화가 일어났고, 행복이 넘치던 곳은 슬픔에 젖어버렸다. 사악한 마귀는 그 재앙의 현장을 흡족하게 바라보면서 배꼽이 빠져라 웃고 또 웃었다.

자기 자신 안에서 이방인이 된 왕의 기분은 갈수록 암울해졌고, 날마다 조금씩 백성에게서 멀어져갔다. 그의 낙담은 모든 사람에게 전염되어갔다. 아무도 웃지 않았고, 이웃을 의심하기 시작했다. 그들은 삶의 목적까지 잃어버렸고 어떻게 하면 일을 잘할 수 있는지도 잊어버렸다.

그러던 어느 날 밤 왕은 무서운 꿈을 꾸었다. 꿈에서 그는 마법의 거울에 비친 두려움에 가득 찬 자신의 얼굴을 보았다. 거울에 비친 그의 모습은 무섭고 두렵기까지 했다. 갑자기 거울이 흔들리더니 검은 구름이 몰려오고 강한 바람이 휘몰아쳤다. 그러더니 거울이 하늘로 솟구쳐 날아가고 어디선가 괴이한 웃음소리가 엄습해왔다.

왕은 놀라 잠에서 깨어나 세수를 하고, 모든 신하를 불러 모으고는 소리 내어 울었다. "말해다오, 이 해괴한 꿈의 의미를!" 그러나 아무도 만족할 만한 대답을 할 수 없었다.

무기력한 신하들은 왕을 더욱 실의에 빠지게 했다. 꿈에서 느낀 공포가 왕의 마음속에 더 깊이 각인되었고, 왕은 이 상황을 견디다 못해 이 난제를 풀어줄 현자賢者가 있느냐고 물었다. 그러나 꿀 먹은 벙어리처럼 신하들은 아무런 대답을 하지 못했다.

그런데 마지막으로 신하 중 한 명이 아주 먼 곳에 있는 여성 현자에 대해 말했다. 신하는 망설이며 입을 열었다. "아마도…… 그녀가 마마의 꿈이 어떤 의미인지 풀어줄 단 한 사람인 것 같습니다. 반드시 그녀가 마마의 난제를 풀어줄 것입니다." 왕은 그 말을 듣고 최고의 기사에게 명령했다. "밤낮으로 달려서 지체 없이 이 조정에 그 여인을 데려와라."

여인이 도착하자 왕은 다시 꿈 이야기를 했다. 여인은 이야기를 세심하게 듣고 나서는 이렇게 말했다.

"마마! 누군가 이 왕국에 무서운 저주를 한 것으로 보입니다."

그 말을 듣고 왕은 몸을 앞으로 숙이며 급히 물었다.

"어떻게 하면 왕국을 옛날처럼 만들 수 있겠는가? 내가 뭘 어떻게 하면 모든 것을 과거로 되돌릴 수 있겠느냐는 말이다."

"저주를 풀 수 있는 한 가지 방법은 진실의 묘약을 발견하는 것입니다. 그러나 이는 매우 어려운 탐험이 될 겁니다. 아득히 먼 땅에서만 발견할 수 있지요. 그걸 가지려는 자는 모두 목숨을 건 위험에 직면하게 될 겁니다. 지금껏 많은 사람이 가지려 했으나 모두 실패했지요."

여인의 이야기를 왕의 두 아들도 진지하게 듣고 있었다. 그리고 여인의 말이 끝나자마자 두 아들이 앞으로 나서며 말했다.

"우리가 그 묘약을 구해올 수 있도록 허락해주세요. 반드시 아버님과 왕국을 위해 신명身命을 다하겠습니다."

왕은 아들들의 말에 매우 감동했다. 그러나 한편으로는 위험한 모험으로 두 아들을 잃을까 봐 두려웠다. 쉽게 허락할 수 없는 일이었다. 그러나 왕자들이 계속해서 간청하자 승낙할 수밖에 없었다.

"좋다. 너희들의 모험이 우리 왕국의 모든 사람에게 매우 중요하니, 그 진실의 묘약을 가지고 돌아오는 자에게 왕위를 계승할 것이다."

두 왕자는 지체 없이 말을 타고 묘약이 있는 곳으로 질주했다. 그들은 밤과 낮을 달려 물을 건너고 산과 협곡을 지나, 마법의 묘약을 찾기 위해 아주 먼 야생으로 여행을 떠났다.

두 아들이 왕국으로부터 멀어질수록, 그리고 묘약으로 가는 길이

점점 더 선명해질수록 악마의 저주는 힘을 잃어가는 것 같았다. 긴 여행으로 완전히 지친 어느 날, 두 왕자 앞에 양 갈래 길이 나타났다. 한 길은 넓고 곧고 깨끗한 반면, 다른 한 길은 좁고 제멋대로 자란 풀이 무성했다. 그런데 갈래 길 앞에 표지판이 있었다.

바보 같은 여행자여, 조심하라!
용기가 있다면 계속 여행하라.
똑바로 난 길로 가면 돌아올 수 있을 것이다.
그러나 다른 길에는 위험이 도사리고 있다.

"나는 똑바로 난 길로 가겠다."
형은 황급히 이렇게 말하고는, 동생이 뭐라 대꾸하기도 전에 전속력으로 말을 몰았다. 동생은 형이 더 유리하다는 것을 알았지만 선택의 여지가 없었다. 누가 찾든 다른 길로 가야 마법의 묘약을 찾을 가능성이 높다. 그는 어쩔 수 없이 잡초가 무성한 길로 나아갔다.

어둠이 깔릴 무렵에 첫째 왕자는 거대한 성 앞에 도착했다. 너무 지친 그는 성을 만난 것에 안도감과 감사함을 느꼈다. 말에서 내리자 누군가 나타나 햇불로 길을 밝혀주었다. 성 안의 사람들은 그를 따뜻하게 맞아주었다. 그들은 왕자의 말을 건네받은 뒤 매우 호화스럽고 아름다운 그림이 그려진 입구로 그를 안내했다. 왕자는 긴 여행으로 지친 터라 이러한 환대가 실로 황홀했다. 그러나 왕자는 그 성이 환상이라는 것을 몰랐다. 왕자가 들어온 성은 사실 사악한 마귀의 굴이었다.

아름다운 음악이 들리고 향기로운 냄새가 진동하는 호화스러운 연회장에 들어가 보니, 식탁에는 상다리가 부러질 정도로 많은 음식과 와인이 차려져 있었다. 왕자는 그 음식과 술을 탐욕스럽게 먹고 마셨다. 아름다운 여인들의 매혹적인 시중도 받았다. 음식과 술은 끝도 없이 이어졌다.

사악한 마귀는 품위 있는 군주로 변장하고 왕자를 환대했으며 왕자가 원하는 모든 것을 내주었다. 오래지 않아 왕자는 마법의 묘약을 찾기 위한 모험을 잊고 말았다. 달콤한 잠이 왕자를 엄습해왔다. "정말 좋구나. 여기서 떠나고 싶지 않을 정도로." 그리고 왕자는 모든 것을 잊어버렸다.

한편, 둘째 왕자는 좁고 엉망진창인 길로 달려갔고, 형과는 완전히 다른 여행을 했다. 그는 눈 덮인 산과 불모의 사막을 지나 위협적인 습지를 통과했으며 위험을 예측할 수 없는 강을 지나기도 했다. 이 모든 것이 견딜 수 없이 고통스러웠지만 그는 포기하지 않고 눈앞의 시련을 모두 통과했다. 그는 단 한 번도 아버지와 한 무거운 약속을 마음속에서 내려놓지 않았다. 결코 잊지 않았다. 오히려 어떠한 대가를 치르더라도 반드시 탐험에 성공하겠다고 결심을 더욱 굳건히 했다.

둘째 왕자는 언제나 사람을 만나면 "어디에서 진실의 묘약을 발견할 수 있는지요?"라고 물었다. 그러나 돌아오는 대답은 언제나 "아주 멀리 매우 위험한 곳에 있어요."라는 말뿐이었다. 그러나 이런 절망적인 대답에도 불구하고 왕자는 단념하지 않았다.

어느 날 둘째 왕자가 깊고 어두운 숲을 달려가는데 이상한 울부짖음 소리가 들렸다. 그 소리를 따라 한참을 가니 덫에 걸린 아름다운 흰색의 큰 까마귀가 보였다. 그런데 놀랍게도 그 새가 왕자에게 말을 걸어오는 게 아닌가.

"도와주세요, 왕자님! 사악한 마귀의 덫에 걸려 잡혔어요. 그 마귀가 보면 그 즉시 저를 잡아먹을 거예요."

친절한 왕자는 진심 어린 마음으로 덫을 제거해 새를 놓아주었다. 크고 흰 까마귀는 날개를 펴고 날아갈 준비를 하고는 이렇게 말했다.

"정말 감사합니다, 친절한 왕자님. 저는 평생을 다해도 갚지 못할 빚을 당신에게 졌습니다. 당신께서는 제 생명을 구해주셨어요. 제가 할 수 있는 일이라면 뭐든 당신께 해드리고 싶어요. 당신이 진정으로 원하는 것이 있으면 제게 알려주세요."

"진실의 묘약을 구하게 해주세요. 나는 아주 먼 곳에서 그것을 구하러 왔는데 어디서도 찾을 수가 없군요."

"친절한 왕자님, 제가 당신을 도울 수 있습니다. 그러나 매우 조심하셔야 해요. 여기서 멀지 않은 어둡고 깊은 숲속에 성이 하나 있습니다. 그 성에 들어가야 하는데 정말 주의를 기울여야 해요. 그 성은 환상이거든요. 실제로 그 성은 사악한 마귀의 동굴이지요. 그 마귀는 저에게 많은 고통을 주었고, 또한 왕자님의 아버지 왕국에 재앙을 내린 장본인이기도 합니다. 거기에 가면 그들이 뭘 대접하든 아무것도 먹거나 마시면 안 됩니다. 잠들어버리면 당신의 탐험은 성공할 수 없습니다. 깨어 있으세요. 모든 사람이 잠들면 제가 가서 당신을 찾을 것이고 마귀를 죽일 수 있는 단 하나의 무기인 마법의 칼이 어디에 있는지 알려드리겠습니다. 왕자님께서 그 칼로 마귀의 목을 자르고 나면, 동굴 안 보물 상자에서 진실의 묘약을 찾을 수 있을 겁니다."

왕자는 까마귀의 안내에 따라 성 앞에 도착했다. 크고 흰 까마귀가 왕자에게 말했다.

"먹음직스러운 음식과 술이 왕자님에게 제공될 겁니다. 하지만 잊지 마세요. 먹고 마시는 척만 해야 합니다."

성 안으로 들어가니 이윽고 첫째 왕자 옆에서 시중들던 그 아름다운 여인들이 그에게도 미소를 지으며 다가왔다. 그러나 둘째 왕자는 먹고 마시지 않고 단지 미소로만 답했다. 잠시 후 왕자는 잠자리에 들었고 이내 잠든 척을 했다.

성이 완전히 고요해지자 날갯짓 소리가 들렸다. 약속했던 것처럼 큰 까마귀가 나타나 마법의 칼이 있는 곳으로 왕자를 인도했다. 왕자는 지체 없이 칼을 빼들었다. 그리고 동굴 깊숙이 들어갔다. 안쪽에서 마귀가 코고는 소리가 들려왔다. 왕자는 마법의 검을 휘둘러 흉측한 마귀의 목을 베고는 까마귀가 가르쳐준 대로 마법의 묘약을 찾아 가방 안에 안전하게 넣었다. 그런데 그 순간 동굴 안쪽에서 간절한 울음소리가 커다랗게 울렸다. 둘째 왕자는 거기서 지하 감옥에 붙잡혀 있던 불운한 형을 발견할 수 있었다. 둘째 왕자는 마법의 칼로 단단한 자물쇠를 잘라냈고, 형제는 얼싸안으며 재회했다.

큰 까마귀와 작별 인사를 한 후 두 왕자는 다시 집으로 돌아가는 긴 여행길에 올랐다. 그러나 돌아가는 내내 첫째 왕자는 침묵했고 의기소침한 모습을 보였다. 그는 마귀의 함정에 빠졌던 것과 진실의 묘약을 찾기 위한 모험에 실패한 것이 매우 창피했다. 그리고 그때 퍼뜩 아버지인 왕이 왕자들에게 했던 약속이 떠올랐다. 이후 동생이 왕위를 계승하게 될 것이라는 생각에 사로잡혔고 그 생각이 도저히 머릿속에서 떨쳐지지 않았다.

형의 가슴은 찢어지도록 아팠고 질투심이 끓어올랐다. 자신이 아닌 동생에게 왕위가 돌아간다는 사실을 견딜 수 없었다. 형제가 왕국에 가까워졌을 무렵, 첫째 왕자는 동생을 죽이고 진실의 묘약을 빼앗기로 결심했다. 그는 아버지에게 동생은 모험 중에 장렬히 전사했다고 말할 생각이었다. 이번 모험을 성공적으로 수행한 사람은 오직 자신뿐이라고. 그는 자신이 위풍당당하게 왕위에 오르는 상상을 했다. 왕국이 가까워지자 첫째 왕자는 동생을 죽이고 마법의 유리병을 빼앗을 기회를 호시탐탐 엿보았다.

그들이 우물가에서 쉬고 있을 때, 첫째 왕자는 지금이 기회라고 생각했다. 그는 동생에게 우물 속에서 큰 까마귀가 부르는 소리가 들린다고 말했다. 하지만 동생의 귀에는 아무것도 들리지 않았다.

"우물가로 가까이 다가와 봐."

동생이 가까이 갔지만 역시 아무 소리도 들리지 않았다. 그러자 형이 말했다.

"우리의 친구, 큰 까마귀인 것 같아."

그 말에 동생은 우물가로 바짝 더 다가가 새를 보기 위해 상체를 구부려 우물 안쪽을 들여다봤다. 그 순간 형은 온힘을 다해 동생을 밀었고, 가엾은 동생은 우물 속으로 떨어지고 말았다. 형은 뒤도 돌아보지 않고 동생의 가방에서 묘약을 빼들고는 왕국으로 말을 내달렸다.

첫째 왕자가 성으로 돌아오자 아버지인 왕이 "동생은 어디에 있느냐."며 무슨 일이 일어났는지 물었다.

"아버님, 저희는 양 갈래 길에서 헤어져 서로 다른 길로 갔는데 동생은 돌아오지 않았습니다. 헤어진 이후 더 이상 동생을 볼 수 없었습니다. 그러나 고초 끝에 저는 이 진실의 묘약을 얻을 수 있었습니다."

이야기를 듣고 왕은 왕국을 어지럽힌 마법을 이제야 풀 수 있겠다는 기쁨의 눈물을 흘렸다. 그러나 둘째 왕자를 잃은 슬픔의 눈물도 흘렸다. 왕은 그가 살아 있기만을 마음속으로 간절히 빌었다.

그런데 둘째 왕자는 사실 살아 있었다. 그가 떠밀려 떨어진 우물에는 물이 없었고 대신 부드러운 나뭇잎이 가득했었다. 우물 밑에 떨어진 후 오랫동안 왕자는 지나가는 여행자가 들으리라는 희망으로 도와달라고 크게 소리쳤다. 그리고 마침내 한 여행자가 우물에 다다라 그의 말에 물을 먹으려고 다가왔다. 그는 우물 깊은 곳에서 올라오는 간절한 목소리를 들었고, 그 즉시 아래로 줄을 내려 왕자를 구해냈다. 왕자는 나그네에게 진심으로 감사를 표한 후 왕국으로 향했다.

아버지의 왕국에 도착하자 왕국의 모든 사람이 기뻐했다. 그러나 형이 동생이 구한 묘약을 훔치고 동생을 죽이려 했었다는 이야기를 듣고 왕은 몹시 분노하며 소리쳤다.

"어떻게 동생에게 그런 악행을 저지를 수 있는가? 첫째 왕자는 이 일로 죽음을 면치 못할 것이다!"

동생은 아버지에게 형의 목숨을 살려달라고 애원했고, 진심 어린 간청에 아버지의 마음도 누그러졌다. 대신 첫째 왕자는 왕국에서 아무도 모르고 아무도 돌봐주지 않는 곳으로 추방되었다.

왕은 둘째 왕자에게 이 진실의 묘약이 왕국을 그전처럼 돌려줄 것이라는 현자의 이야기를 전했다.

"성 뒤쪽 산으로 올라가 병을 열고 진실의 묘약을 뿌려라. 왕국 전체에 묘약이 퍼지면 마침내 사악한 마귀의 저주도 풀릴 것이다."

왕자가 산 정상에 올랐을 때 놀랍게도 희고 큰 까마귀가 왕자의 머리 위로 치솟았다. 왕자가 작은 병의 뚜껑을 여니, 까마귀가 하늘로부터 내려와 물병을 잡아채더니 바람을 타고 높이 날아올라 그 귀중한 묘약을 흩뿌렸다. 그러고는 왕자 곁으로 내려와서 왕자의 눈앞에서 사랑스럽고 아름다운 공주로 변신하였다.

진실의 묘약이 왕국 곳곳에 퍼지자 어두운 구름이 모두 걷혔고 왕국의 모든 사람이 변화를 느꼈다. 모든 사람은 더 이상 '자기 자신의 이방인'이 아니었다. 그리고 왕은 현명하고 훌륭한 통치를 위해 더 이상 마술 거울이 필요하지 않다는 것을 알게 되었다.

공주는 진실의 묘약으로 왕국의 저주를 거둬낸 덕분에 사악한 마귀가 자신에게 씌워놓은 저주도 같이 풀려 본래의 모습으로 돌아올 수 있었다고 말했다. 공주와 왕자는 머지않아 결혼했고, 왕과 왕비가 되어 행복하게 살았다. **99**

너 자신을
알라

아마 이 이야기를 읽으며, 당신이 알고 있는 사람에게 특정한 배역을 부여하고, 왕국의 성 혹은 어두운 숲을 당신이 아는 다른 무대로 상상해봤을 것이다. 당신의 조직은 이야기의 도입부에 등장하는 풍요롭고 결실이 풍성한 왕국과 유사한가? 아니면 '무엇을 해야 하는지', '어디로 가야 하는지' 걱정하기 시작하는 왕국의 모습과 닮았는가? 당신이 부디 사악한 마귀가 아니라 희고 큰 까마귀를 만나기를 희망한다.

나는 이 왕국처럼 방향을 잃은 가족회사를 컨설팅한 적이 있다. 그 회사의 CEO인 가브리엘은 "인간의 뇌는 인간이 무엇을 믿건 간에 그것을 계속해서 믿을 이유를 끊임없이 찾아내는 대단한 능력을 가진 복잡한 기관이다."라는 볼테르Voltaire의 말을 증명이나 하듯, 무엇이든 자기 자신이 올바르게 하고 있다고 확신했다. 그는 스스로를 속이는 기이한 능력을 가지고 있었다.

그의 '자기기만' 성향은 그가 CEO가 되고부터 나타나기 시작했다. 그는 회사의 핵심 업무인 제품 디자인에 대한 전문성 때문에 외부에서 영입되었다. 그러나 유감스럽게도 일상적인 관리 업무는 그의 강점이 아니었다. 부하직원들은 그의 약점들을 알고 있었지만,

그는 자신을 매우 효율적인 CEO로 보았다. 그리고 좋은 아이디어를 가지고 있었지만, 그것을 매력적이고 일관성 있게 제시하는 데는 능하지 못했다. 그의 오락가락하는 태도는 굉장한 혼란을 야기했다. 그는 다른 세상에 사는 양 목표를 제시했다. 그의 부하직원들은 그가 어떤 상황을 어떤 방향성으로 추진하기를 기대하는지 그 내용을 전혀 알 수 없었다. 하지만 그에게 그런 말을 솔직하게 할 용기가 없었다. 게다가 그의 완벽한 자기확신은 아무리 반대를 해봤자 아무런 의미가 없다는 것을 말해주고 있었다.

회사가 틈새시장에서 매우 높은 수익성을 창출하고 있었음에도 불구하고, 가브리엘의 일관성 없고 방향성 없는 리더십은 시장점유율과 수익성을 떨어뜨리기 시작했다. 회사의 모든 사람은 이제 뭔가를 해야 한다는 필요성을 절실히 느꼈다.

결국 회사 임직원을 통해 최고참 사외이사 중 한 명인 에반이 사태를 파악하게 되었다. 그는 회사 경영에 문제가 있다는 것과 CEO인 가브리엘에게 도움이 필요하다는 것을 인지했다. 주요 주주의 신뢰를 얻고 있는 에반은 가브리엘이 현실을 바라보고 자신의 진정한 강점과 약점이 무엇인지 파악하도록 해야겠다고 판단했다. 다행히도 가브리엘은 에반에게 무한한 존경심을 가지고 있었다. 여러 번의 대화를 거치며 에반은 완곡하게 가브리엘이 현 상황의 긴급성을 인식하도록 했다. 에반은 가브리엘에게 비즈니스 현황을 똑바로 봐야 하고, 또한 더 이상 자기 자신을 속여서는 안 된다고 말했다.

가브리엘은 회사 임직원들이 자신을 바보 취급하는 것 같아서 기분 나빴지만, 에반과의 대화를 통해 많은 생각을 할 수 있었다. 가브리엘은 나에게 회사의 다른 사람들이 그를 어떻게 인식하는지 평가해달라고 은밀하게 의뢰했고, 나는 대외적으로는 조직문화 연구를 수행한다는 명목으로 회사에 투입되었다. 당연히도, 내가 관찰한 모든 것은 에반의 의견을 뒷받침했다.

가브리엘은 뭔가가 잘못되고 있다는 것을 감지하고는 있었다. 고통스러웠지만 그는 리더라면 강한 의지력이 있어야 하고, 자기 뜻을 굽히지 않아야 한다는 선입견에 사로잡혀 있었음을 인지하기 시작했다. 이러한 자기기만 성향은 경쟁이 매우 치열한 가정에서 자라면서 생존하기 위해 작동된 방어기제였다.

이러한 자기인식의 부족은 개인적 현실뿐 아니라, 더 큰 무대인 회사와 조직원들에게까지 영향을 미쳤다. 가브리엘은 좀 더 일찍 분명하고도 지체 없이 자기인식을 했어야 했다.

자신에 대해 새로이 인지하게 되자 가브리엘에게 온전한 새로운 세상이 열렸다. 그는 그 즉시 그날그날 벌어지는 일상적인 비즈니스 업무를 도와줄 강력한 COO^{Chief Operating Officer, 최고운영책임자 - 옮긴이}를 영입했다. 이 작은 조직개편으로 그는 자신이 정말 좋아하는 분야인 제품 개발에 에너지를 쏟을 수 있게 되었다. 이 조치는 모두를 만족 시켰고, 회사에도 이익이 되었다.

가브리엘의 이야기와 동화 속 왕의 이야기는 '자기인식'이 효율 적인 리더십에 필수불가결하다는 것을 보여준다. 만약 당신이 자기 자신을 모른다면, 어떻게 타인을 알고 타인에게 영향력을 미칠 수 있겠는가?

자기인식을 위한 탐험은 쉽지 않다. 솔직히 말하면 매우 고통스 럽다. 자신이 내면을 들여다보고, 잘못과 결함과 행동의 실수를 면 밀하게 들여다보기란 여간 어려운 일이 아니다. 그러나 우리 안의 '내면 극장'으로 들어가지 않는다면 자신의 잠재력을 알 수 없고, 할 수 있는 것과 해서는 안 되는 것을 알 도리가 없다.

희고 큰 까마귀 이야기에서 진실과 거짓, 환상과 실제를 구분하 는 충분한 자기인식을 가지고 있을 때 왕은 현명하였다. 그러나 자 기인식이 사라지자 판단력이 손상되었고 나아갈 방향과 의사결정 우선순위조차 설정할 수 없었다.

이 세상에서 오직 호모 사피엔스만이 의미 있는 자기 평가의 메 커니즘을 가지고 있으며 자신이 어떤 존재고 왜 존재하는지에 대해 질문을 던진다. 확실히 다른 어떤 종種도 이러한 존재론적 질문에는 흥미가 없다. "너 자신을 알라."라는 인간의 정명正命은 우리가 생각하고 느끼고, 행동하고, 바르게 처신하는 과정을 세밀히 들여다볼 수 있게 한다. 이는 감성지능, 혹은 우리 자신과 타인을 이해하는 능력을 기반으로 한다. '자신을 안다'는 것은 지혜와 배려의 중요한 구성요소인 동시에 리더십을 효과적으로 발휘하는 데 필요한 핵심 요소다.

'너 자신을 알라'라는 말은 고대 델포이에 있는 아폴로 신전 위에 새겨져 있다. 그 이후로 줄곧 이 괴물 같은 한 문장은 지식의 정수로 여겨졌다. 동화에서 왕이 깨달은 것처럼, 자기인식은 우리 스스로에 대한 찬사뿐 아니라 귀에 달콤하지 않고 혹은 거슬리는 소리라 해도 다른 사람이 우리에 대해서 생각하는 바 모두를 아우르는 과정이다. 자기인식은 실수로부터 배우고 지속적으로 성숙하게 하며, 발전하고 변화하게 만든다. 자기인식은 세상에서 일어나는 모든 일을 이해하는 데 필요한 도구인 '자아성찰'의 기회를 제공한다.

그러나 자기인식은 쉬운 일이 아니다. 그리스의 현자 중 한 사람인 탈레스Thales는 세상에서 가장 어려운 것이 무엇이냐는 질문에 '자기를 아는 것'이라고 답했다. 우리는 종종 자신이 좋아하지 않는 것을 발견할지도 모른다는 두려움 때문에 자신을 알아가는 데 저항한다. 또 다른 그리스 철학자 소크라테스Socrates는 평화와 행복을 찾고, 우리의 잠재력을 발휘하기 위해서는 자기인식이 중요하다고 믿었다. 플라톤Plato은 "지식의 정수는 자기인식."이라고 했고 아리스토텔레스Aristoteles는 "지혜는 자기인식으로부터 시작된다."고 강조했다. 현자들은 태곳적부터 알려져 있던 것을 더욱 명료하게 말했다. 기원전 힌두교의 우파니샤드Upanisad, 고대 인도의 철학 경전 - 옮긴이는 "자기 자신에 대한 진실을 찾는 탐구가 곧 지혜다."라고 가르쳤다.

그리스의 비극에서도 자기인식에 대한 탐구가 또렷이 보인다. 소포클레스Sophocles의 《오이디푸스 왕》에서 주인공은 그 자신에 대한 무서운 진실을 조금씩 알게 되면서 일련의 비극적 사건을 겪는다. 그 비극은 오이디푸스가 보고 싶지 않은데도 봐야만 하고, 듣고 싶지 않은데도 들어야 하는 데서 시작된다. 오이디푸스는 그가 아버지를 죽이고, 어머니를 아내로 삼은 현실과 진실을 온전히 받아들일 수 없었다. 오이디푸스는 결국 자신이 찾으려고 했던 자기인식을 얻고 나서, 자신의 눈알을 도려내고 옥좌에서 물러난다. 소포클레스를 따르는 제자와 시인, 작가, 철학자, 그리고 타인을 돕는 직업에 종사하는 사람들은 인식하기 어려운 수수께끼인 '자아the self'를 찾기 위해 평생을 바쳤다.

내면
극장

　　　　　　내면 세계로의 여행은 바깥세상을 이해하는
것처럼 자연스럽지 않다. 자신을 안다는 것은 우리가 누구고, 우리
가 진정으로 되고자 하는 것이 무엇인지를 발견한다는 의미다. 그
것은 우리가 무엇을 좋아하고 무엇을 싫어하는지를 가늠해가는 여
행이다. 또한 우리의 강점과 약점을, 그리고 긍정적인 부분과 어두
운 면을 아는 것이다. 동화에서 왕이 자신의 단점을 알아낸 것처럼,
자기 자신을 모른다면 우리는 하고자 하는 사소한 일에서조차 성공
하지 못할 것이다. 마법의 거울(자기인식)이 수많은 조각으로 깨지
고 난 후, 왕과 그의 신하들은 더 이상 올바른 의사결정을 내릴 수
없었다. 파괴된 거울은 판단을 악화시켰다. 그들은 왜곡된 세상에
서 살게 되었고, 현실감이 떨어졌고, 더 이상 무엇이 진실이고 무엇
이 거짓인지 구분할 수 없게 되었다.

　　자기인식은 우리가 누구고, 무엇을 왜 해야 하는지를 받아들이고
이해하는 데 도움을 준다. 또한 더 진실하게 행동할 수 있게 해주어
자존감과 인간관계의 질을 높이고 소통을 향상시킨다. 성공하는 최
고의 리더는 그들 자신을 잘 안다. 자신의 과업에 재능을 어떻게 사
용해야 할지 알고 있음은 물론이고, 그와 함께 일하는 사람들을 잘

이해하며, 그들의 장점과 약점을 파악해 이를 어떻게 발전시켜야 할지를 안다. 또한 구성원들이 서로를 어떻게 보완해야 하는지 알고, 그들이 꽃피워야 할 문화가 어떤 것인지도 안다. 나아가 성공하는 리더는 최악의 자신을 알게 되는 것이 나쁘지 않다는 것을 알고 있다.

자기인식을 가로막는 주된 장벽은 안 좋은 것을 직면할지 모른다는 두려움이다. 인간은 알고자 하는 본능을 지녔지만, 이를 거부하는 방어기제 역시 지녔다. 가면 뒤에서 받아들일 수 없을 만큼 싫은 사람을 발견한다면 어쩌나? 타인이 나에 대해 어떻게 생각하는가를 알고 상처받으면 어쩌나? 우리는 자신에 대한 불편한 사실을 밝혀내고 싶어하지 않기 때문에, 자신의 실수나 약점을 과감하게 각색한다. 그리고 이는 진정한 성장을 이루지 못하도록 발목을 잡는다. 자신의 행위가 잘못되었다는 것을 발견할 때 우리는 두 가지 선택 앞에 서게 된다. 하나는 변화와 개선을 위한 기회로 삼는 것이고, 다른 하나는 계속해서 왜곡된 렌즈를 통해 인생을 봄으로써 결국에는 아무것도 하지 않거나 잘못된 의사결정을 지속하는 것이다.

타인이 나를 보는 시각을 이해하는 것은 자기인식의 핵심요소다. 그렇기에 우리는 모든 채널을 열어놓고 늘 피드백을 받아야 한다. 조하리의 창Johari Window이라는 관리 모델로 알려진 간단한 도식은 자기인식을 이해하는 데 도움을 준다. 이 도식은 공적 자아public self, 사

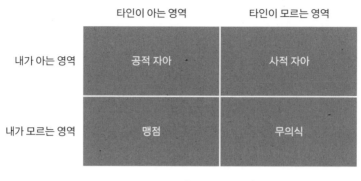

	타인이 아는 영역	타인이 모르는 영역
내가 아는 영역	공적 자아	사적 자아
내가 모르는 영역	맹점	무의식

| 조하리의 창 |

적 자아private self, 맹점blind spot, 무의식unconscious의 네 영역으로 나뉜다.

도식의 4분면 중에서 가장 접근하기 어려운 곳인 무의식의 영역에서 무엇인가를 발견하려면 많은 시간과 고도의 자기분석이 필요하다. 우리가 가장 먼저 지체 없이 침투해야 할 영역은 바로 맹점 영역(타인은 아는데 나는 모르는 영역)이다. 타인이 나를 어떻게 보는가 하는 진실한 피드백은 비록 그대로 받아들이기 어렵다 해도 자기인식으로 다가가는 가장 빠른 지름길이다. 거짓 없는 피드백을 소화해내는 것만큼 자기인식을 확장하는 데 가치 있는 것은 없다.

자기인식은 내가 타인과 특정한 방식으로 관계를 맺는 이유를 이해하는 데 도움을 준다. 자기인식은 사람들이 왜 그런 식으로 행동하는지에 대해 더 나은 판단을 하게 하고 그런 면에서 통찰력을 가질 수 있는 명확한 눈을 제공한다. 이는 효율적인 리더십의 필수요소이다. 이는 또한 우리가 특정 상황에서 어떻게 행동하게 될지를 예측하게 해주며, 우리의 행동이 다른 사람들에게 어떤 영향을 끼치는지도 알게 해준다. 이를 통해서 다른 사람들이 우리의 장점과 단점을 어떻게 보고 있는지도 알 수 있게 된다. 즉, 자기인식이란 흰 까마귀 이야기의 주제이기도 한 행동에 있어서의 진정성을 의미한다.

자기를 인식했다는 것은 단순히 자기를 안다는 것을 넘어서서 더 큰 의미를 지닌다. 우리는 자신에 대해 알게 되면서, 더 나은 삶을 위해 변화하기 시작하고, 더 의미 있고 목적 지향적인 삶을 추구하게 된다. 우리는 동화에서 저주받아 부서진 거울 조각들이 백성의 눈으로 들어가 결국 그들 스스로가 자신에게 이방인이 되는 것을 보았다. 그들은 자신이 누구인지 잊어버리고 더 이상 현실과 환상을 구별할 수 없게 되었다. 물론 이러한 상황에도 장점은 있다. 자기인식 자체가 너무나 고통스럽기 때문에 자신을 모르는 상태로 남아 환상에 매달리는 사람도 있게 마련이다.

어느 정도 고통을 감내하지 않고서는 제대로 된 자기분석을 할 수 없다. 흰 까마귀 이야기에서 보듯 우리는 내면을 탐험하는 동안 위험한 등장인물과 사악한 마귀를 만날 것이다. 그러나 이 여정에서 두려움에 휘둘리지 않으려면 숨겨진 존재들에게 강력한 힘을 발휘해야만 한다.

왕은 (마귀도 알고 있었듯) 자기인식과 내면세계에 대한 이해 없이는 공정하고 지혜롭게 왕국을 통치할 수 없다는 것을 알고 있었다. 이런 상태가 지속되면 자신의 한계를 인지하지 못하게 될 테고, 충동의 노예가 되어버릴 것이 뻔했다. 이 이야기는 성공적인 리더는 그들의 인간적인 장점과 약점을 매우 알고 싶어하며, 특히 다른 사람을 다룰 땐 더욱 그러하다는 것을 알려준다. 성공하는 리더는 그 자신이 누구인지, 어떤 사람이 되고자 열망하는지 역시 제대로 알고자 한다. 동화는 또한 우리가 무언가를 잃고 나서야 자신에 대해 이해하려 한다고 이야기하고 있다.

거울에 비친 모습

인간은 반사된 면을 통해 자신을 인지할 수 있다는 것을 아는 희귀한 종 중 하나다. 이런 이유로 거울은 문자 그대로, 그리고 상징적으로 특이한 힘을 발휘한다. 어느 고대 전통에서는 거울을 현세에서 이세로 통하는 마법의 입구로 간주했고,

또 다른 어떤 곳에서는 거울을 직시하면 영혼을 빼앗긴다고 믿었다. 거울이 깨지면 7년간 운이 없다는 미신도 있다. 또한 거울은 선과 악을 판단하는 기준으로도 쓰였다. 악마와 뱀파이어, 악귀는 거울에 비치지 않는다는 전설이 남아 있기도 하다.

이러한 마법의 거울이 중요한 역할로 등장하는 두 편의 동화가 있다. 그중 하나는 《백설공주》로, 사악한 왕비는 자신이 세상에서 가장 아름다운 여인이라는 것을 확인하기 위해 매일 아침 거울에게 심문하듯 물어본다. 그녀는 자신이 원치 않는 대답이 나올 때까지 묻고 또 물었다. 그리고 다른 하나는 《미녀와 야수》로 미녀는 야수의 성에 있는 거울로 그녀의 집과 아버지를 볼 수 있도록 허락을 받는다. 이 두 이야기에서 거울은 현실과 허상 사이의 매개물로 사용된다.

이와 비슷한 이야기를 다룬 전설도 있다. 그리스 신화인 나르키소스Narcissos의 이야기에서는 아름다운 청년이 자신과 물에 비친 자신의 상을 구분하지 못하고 물에 빠져 죽고 만다. 흰 까마귀 이야기에서는 마법의 거울이 자기인식을 위한 은유로 사용된다.

자신을 인식할 때 타인은 일종의 거울과 같은 역할을 한다. 그리고 이런 관점에서 본다면 개인의 성장은 거울과 밀접하게 연결되어 있다. 유아기에 마주하게 되는 첫 번째 거울은 어머니의 사랑스러운 응시이다. 이러한 거울 보기의 과정을 통해, 우리는 자아와 주관성을 발전시키고 가상과 현실의 차이를 조금씩 좁혀간다. 또한 우리는 성장하면서 다른 거울—가족, 선생님, 친구, 존경하는 유명인사—과 마주하게 된다. 또한 '타인이라는 거울'은 우리 자신에 대해 알고자 하는 것이 무엇인지, 우리가 사는 문화는 주로 무엇을 다루는지를 비추어준다. 이러한 반영은 의식과 건강한 자아의 성장을 이해하는 데 중요한 역할을 한다. 그리고 이러한 과정은 우리의 전생애 동안 멈추지 않고 지속된다.

거울 속의
리더

많은 리더들은 자기인식의 중요성을 평가절하한다. 그리고 자기인식이라는 진실의 묘약을 찾을 생각을 않는다. 많은 리더들은 자신이 누구인지, 진정으로 무엇을 원하는지에 기초를 둔 의식적 선택을 하지 않고 그저 매일매일 일어나는 사건에 대응하기 급급하다. 그들에게는 자신의 행동이나 동기를 성찰할 능력이 없다. 대부분의 리더는 자기성찰의 시간을 갖지 못한다. 특히나 디지털 시대는 성찰할 시간을 앗아가고, 우리 대부분은 인생의 껍떼기 근처만을 서성이는 것이 사실이다.

흰 까마귀 이야기는 자기인식은 우리 모두가 직면해야 할 가장 어려운 과업이지만, 만약 노력한다면 앞으로 계속해서 행복해질 수 있는 기회를 획득할 수 있음을 보여준다. 그리고 혼자만의 여행을 해서는 안 된다는 것도 가르쳐준다. 왕과 왕자는 현명한 여인과 마법에 걸린 흰 까마귀에게 도움을 받았고, 왕자를 도운 까마귀는 다행스럽게 제 모습을 찾는다. 서로가 서로의 본모습을 찾을 수 있도록 돕는 것, 그것이 자기인식에서도 필수적이다.

리더십 코치와 심리치료사들은 적절한 관점과 방향을 제시하고 리더들의 '자기탐구 여행'에 동승해서 필요한 도움을 제공한다. 그들은 리더가 파고들어야 할 질문이 무엇인지, 그 대답을 찾으려면 자신이 무엇을 어떻게 도와야 하는지를 알고 있다. 그들은 우리가 목표를 확인하도록 돕고, 필요한 곳에 방향 표지를 세울 수 있게 해준다. 우리가 우리에 대해서 알아낸 것이 모두 반가운 것만은 아닐 것이다. 고통스러운 기억의 회상, 한계 직면, 난해한 의사결정은 결코 쉬운 일이 아니다. 특히 정신적 외상, 즉 트라우마는 자신을 발견하는 길을 가로막는다. 그러나 치유는 늘 가능하다.

자신을 돌아볼 시간을 갖지 않으면 어떻게 강점을 만들 수 있는지, 또는 단점을 어떻게 관리해야 하는지에 대해 알 수가 없다. 대신 자신의 상황에 단지 습관적으로 대응하여 기계적으로 살아가게 될 것이다. 현재의 상황에 길들여지면 단지 현 상태를 유지해야겠다는 생각에 빠질 수 있다. 왜냐하면 그것이 편안하기 때문이다. 우리가 이런 식으로 행동할 때 우리에게는 직언을 해줄 누군가가 필요하다. 자신이 진정으로 어떤 사람인지를 점검하고 받아들일 때 우리는 비로소 자기 자신에게 만족할 수 있다.

질투의
대가

이 이야기의 두 번째 주제는 질투다. 사악한 마귀는 왕의 지혜와 인기를 질투했다. 그리고 첫째 왕자도 자신의 동생을 질투했다. 질투는 리더들이 항상 외면하려고 애쓰는 동기 motivator 중 하나인데, 우리는 남들에게 그 질투를 보이지 않기 위해 다양한 자기기만 행태를 벌인다. 그러나 수직적 문화와 보상 구조로 이루어진 조직은 엄연한 경쟁사회고, 다들 숨기고 있다고는 하지만 생각보다 많은 질투가 유발된다. 리더는 질투가 추악한 모습으로 얼굴을 내밀 때 이를 반드시 알아차려야만 한다.

질투는 두 가지 형태로 나타나는데, 하나는 다른 사람에 대한 나의 질투고, 또 다른 하나는 나에 대한 다른 사람의 질투다. 조직의 구조 안에서 사람들은 당신의 지위를 질투할 수 있다. 그러나 당신 역시 당신의 상사, 동료, 심지어는 부하직원에게도 질투를 느낄 수 있다. 질투가 미치는 범위에 한계 따위는 없다. 질투는 당신의 의사결정에 영향을 미칠 수 있다. 경우에 따라 질투는 의사결정 능력을 마비시키기도 하고, 강력한 동기유발 요인으로 작용하기도 한다. 철학자 프랜시스 베이컨Francis Bacon은 "질투는 쉬는 날이 없다."고 했다. 질투는 인간 경험의 본질이고, 우리의 모든 행위와 행동에 영향을 미친다. 마찬가지로 조직에서도 이 질투는 피할 수 없는 요소이므로 사람들의 행동을 예측할 때 반드시 고려해야 할 대상이다. 조직 역학의 방정식에 질투를 포함시키면 보다 현실적으로 조직생활에 접근할 수 있다. 질투가 꼭 나쁜 것만은 아니다. 누군가 나를 질투한다면 그것은 내가 가치 있는 것을 지니고 있다는 뜻이기 때문이다. 이는 또한 동기를 유발하는 힘이 되기도 한다.

리더는 질투가 다양한 형태로(때로는 건설적으로, 때로는 파괴적으로) 나타난다는 것을 기억해야 한다. 그렇기에 리더는 질투 회피 행동 및 질투 유발 행위에 대해 과하다 싶을 정도로 주의를 기울여야 한다. 받아들일 수 있는 한계 내에서 질투의 수준을 유지하는 것은 매우 중요한 도전이다. 질투에는 급작스럽게 발동되고 쉽게 통제할 수 없는 상황을 일으키는 속성이 있기 때문에 이는 결코 쉽지 않은 과제이다.

때로 질투는 '도덕적 분노'라는 완벽한 가면으로 포장되기도 한다. 우리는 자기 스스로 세운 도덕적 기준의 한계를 넘은 사람을 보면서 스스로는 매우 고결한 체한다. 예를 들어 우리는 허세를 부리는 동료를 맹렬히 비난한다. 이는 종종 그 사람이 처한 상황에 대해 내가 가진 욕망, 즉 부러움을 가리고자 함이다. 어떤 사람이 다른 사람의 사악한 행동에 너무 집착한다면 그는 그런 사악한 행동을 하고 싶은 자신의 욕망을 감추려 하는 것이라 볼 수 있다(자신이 하고 싶지만 못하는 것을 남이 할 때, 그것을 질투하는 자신을 받아들이기 어려워 비판하고 분개하는 식으로 자신을 속인다 - 옮긴이). 분개의 대상은 어쩌면 질투의 대상일 수 있다. 다시 말하지만, 자기인식은 질투가 가진 이러한 나쁜 영향을 중화시키는 데 도움이 된다.

아주 멋진 독일 단어, 샤덴프로이데^{Schadenfreude}는 타인의 불행에서 느끼는 기쁨을 의미한다. 만약 우리의 행복이 타인의 불행을 즐기는 데 있다면, 전체적인 우리 삶의 질은 어떻다 할 수 있을까? 비록 샤덴프로이데가 작은 기쁨을 줄 수는 있겠지만, 진정한 행복은 질투나 앙심, 보복적인 감정과 동행할 수 없다. 동화에서도 마귀와 첫째 왕자는 끊임없는 질투로 인해 비참한 최후를 맞이한다.

스페인의 소설가 카를로스 루이스 사폰^{Carlos Ruis Zafón}은 "질투는 평범한 사람들의 종교다. 질투는 사람을 편안하게 해주고, 걱정을 없애주고, 결국에는 영혼을 썩게 한다. 비열함과 탐욕을 정당화시켜

종국에는 그런 것들을 덕목이라고 믿게 된다."고 했다.

질투는 앞선 동화에서 보았듯 행복과 마음의 평화를 파괴해서 사람을 서서히 죽이는 독약이다. 불안정하고 질투심 많은 사람은 다른 사람을 끌어내림으로써 자신을 올리려 한다. 그들은 스스로 만족할 줄을 모른다. 개인적 차원에서 보자면, 질투의 파괴적 결말을 방지하려면 강한 현실감각과 공감능력이 반드시 필요하다.

조직적 관점에서 보자면, 특정한 예방대책으로 질투심을 완화할 수 있다. 조직구조를 수직적 구조에서 수평적 구조로 변화시키고, 경영 참여를 활성화하고, 임원에 대한 너무 눈에 띄는 특전을 제거하고, 거시적 차원에서 이익분배 제도 profit sharing plan 와 스톡옵션 제도를 도입하는 등의 방법이 있다. 급여에 있어서 극단적인 차이를 제거할 필요도 있다. 질투를 미연에 방지하는 구조와 시스템은 조직 도처에 만연한 긴장감을 완화할 것이다.

나는 나를 얼마나 알고 있는가

"반성하지 않는 사람은 망가진 사람이다."라는 동양 속담이 있다.
이 속담은 흰 까마귀 이야기의 주된 메시지를 담고 있다. 자기인식
이 없으면 타인은 물론이고 자기 자신의 내면에서도 이방인이 되고
만다. 타인을 알기 위해서는 그 사람과 가까워져야 하는 것과 마찬
가지로, 우리는 스스로에게 더 가까이 다가가야 한다. 동화에서 묘
사한 것처럼, 우리 앞에 있는 위험을 감수하고 새로운 방식을 시도
할 때 변화와 성장이 일어난다. 그리고 한 가지 덧붙인다면, 자기인
식은 특정한 성취나 결과물을 얻는 데서 종료되지 않고, 삶이 지속
되는 한 계속해서 이어지는 과정이다.

　아래의 질문은 당신의 자기인식 정도를 측정하는 항목이다. 해당
되는 항목에 체크하라.

1 _내가 개선되려면 나의 강점과 단점을 알아야 한다고 믿는다._ ☐

2 _나는 내가 어떤 사람인지 어느 정도는 알고 있다고 믿는다._ ☐

3 _나는 종종 내가 왜 이 일 하는지에 대해 질문한다._ ☐

4 _나는 나의 성격에 대한 건설적인 피드백을 항상 환영한다._ ☐

5 _나는 사람들이 나의 말과 행동을 좋아하는지 그렇지 않은지 알아챌 수 있다._ ☐

6 _나는 나의 강점과 약점을 알 수 있는 기회를 환영한다._ ☐

7 _나는 늘 내면의 소리에 집중한다._ ☐

8 _나는 나 자신을 분석하는 습관이 있다._ ☐

9 _나는 나의 편견, 호불호와 선입견을 잘 알고 있는 편이다._ ☐

10 _나는 생각 없이 말하는 사람이 아니다._ ☐

11 _나는 나와 다른 생각을 가진 사람과 대화하는 것이 어렵지 않다._ ☐

12 _나는 다른 사람의 말을 매우 잘 경청한다._ ☐

13 _나는 모호한 상황을 처리하는 데 능숙한 편이다._ ☐

14 _필요하다면 나의 감정과 믿음을 타인과 공유할 준비가 되어 있다._ ☐

15 _나는 나를 돌아보는 자기성찰과 반성을 실천한다._ ☐

체크한 항목이 많을수록 자기인식을 잘한다는 뜻이다. 열 개 이상에 체크했다면, 당신은 자기반성을 하는 데 많은 시간을 보내는 사람이다. 다섯 개 이하라면 자기 내면을 바라보는 것을 거부하고 있다는 뜻이다. 스스로에게 물어보라. 당신이 자신의 감정, 생각, 동기를 직시하기를 주저하고 있지는 않은지 말이다. 만약 그렇다면, 당신의 내면과 외부 세계에는 차이가 있을 수 있다. 즉, 말은 이렇게 하면서 행동은 저렇게 하는 식이다.

자신을 의식적으로 인지하는 것, 즉 자기인식은 감성지능의 기반이 된다. 자기인식은 당신의 인지적, 신체적, 감성적 자아를 이해하게 하고, 당신의 기분과 행위, 그리고 행동을 관리해준다. 또한 당신이 주위 사람들에게 어떠한 방식으로 영향력을 행사하는지를 주시하는 데에도 도움을 준다. 본질적으로 자기인식은 당신의 느낌이나 행위, 성격을 파악하는 능력이다. 만약 당신에게 건강한 자기인식 능력이 있다면, 당신은 당신의 실수를 더 잘 인정할 수 있고, 건설적인 피드백을 환영하고, 자기 자신에게 무한한 신뢰를 가질 수 있다. 자기인식은 더 효과적인 의사결정을 위한 방법을 가르쳐주고, 더욱 친밀한 인간관계를 형성하게 하며, 더 충만한 자아실현을 가능케 한다. 그리고 이로써 당신 자신을 재창조하는 능력을 부여한다. 그러나 고위 경영층의 임원에게 이러한 자기인식 능력이 부족하면, 조직 전체가 흰 까마귀 이야기가 묘사한 것처럼 부정적 영향을 받게 된다.

2

건강한
'자기애'를
가졌는가

곰이 된 왕 이야기

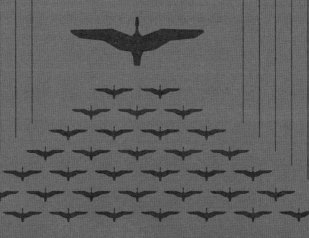

성전의 받침대에는 이렇게 쓰여 있다.
"내 이름은 왕들 중의 왕 오지만디아스다.
나의 업적을 보라, 너희 강대하다는 자들아,
그리고 절망하라!"
아무것도 주변에 남아 있지 않았소.
뭉툭하게 삭아버리고 그 엄청난 폐허가 된
둘레 주위로, 끝이 없고 황량한,
외로운 첩첩의 모래벌판만 멀리까지 뻗어 있었소.
_퍼시 비시 셸리Percy Bysshe Shelley, 19세기 초 영국 시인

오만은 훌륭하게 재생할 수 있는 자원 중 하나이다.
_P.J. 오르케P.J. O'rourke, 미국 언론인

우리는 절대로 신이 될 수는 없겠지만
무서울 정도로 쉽게 인간 이하로 추락할 수는 있다.
_N.K 제미신N.K Jemisin, 미국 소설가

" 한 옛날, 저 먼 곳 깊고 어두운 숲속에 어마어마한 제국을 다스리는 궁전이 있었다. 그러나 왕국은 부유하고 강력한 데도 불구하고 모든 것이 그다지 좋지 않았다. 백성들은 행복하지 않았고 제국의 땅에서는 도통 웃음소리를 들을 수 없었다.

왕은 차갑고 오만한 사람이었다. 그는 그 주변 국가를 죄다 정복하고도 여전히 만족하지 못했다. 친절하고 공정하고 지혜로운 것이 아니라 잔인하고 오만한 데다 제멋대로였다. 어느 누구도 왕의 비현실적인 기대에 부응하지 못했다. 왕은 누구도 성에 차지 않아했다. 사람들이 열심히 일하고 왕을 기쁘게 해주려 해도, 그는 빈정대고 조롱하기만 할 뿐이었다. 그는 조금의 실수도 용납하지 않았다. 작은 실수라도 했다가는 왕의 분노가 극에 달했다. 그는 실수나 부정적인 말을 절대 용서하지 않았고 잊어버리는 법 또한 없었다.

한번은 가장 나이 많고 충성스러운 신하가 백성들이 행복하지 않고 어려운 일로 고통받고 있다고 왕에게 간언하자, 왕은 분노에 차서 어쩔 줄을 몰랐다.

"내 눈앞에서 당장 사라져버려! 다시 내 궁에 들어오면 목을 쳐버리겠다."

그 신하는 운 없는 희생자가 되고 말았다. 그가 자리에서 물러나자 왕은 남아 있는 신하들에게 이렇게 말했다.

"그를 따라가서 옷가지 말고는 아무것도 가지고 가지 못하도록 하라. 재산을 모두 압수하고, 그자의 집을 불태워라. 왕에게 거역한 자가 어떻게 되는지 똑똑히 알게 할 것이다."

이후 어느 누구도 왕에게 나쁜 소식을 고하려 하지 않았다. 왕이 듣고 싶어하는 말만을 전했다. 왕국에 어떠한 재앙이 닥쳐도 매일매일 "모든 것이 순조롭다."고 보고했다. 왕의 폭발하는 분노와 독기가 두려워 신하들은 아침부터 저녁까지 아첨하고 칭찬만 했다.

하지만 지극히 당연하게도 왕국 안에서 사건은 하루가 멀다 하고 벌어졌다. 왕의 오만함은 나날이 하늘을 찔렀고 또한 포악한 법을 만들어 세금을 과도하게 거뒀다. 농사는 흉작이었고, 다른 나라와의 교역이 줄어들었다. 백성들은 점점 가난해지고 먹을 것마저 부족해졌다.

그래도 신하들은 왕이 한 실수나 판단 오류에 대한 진실을 감히 고할 수가 없었다. 번영하고 막강했던 왕국은 이내 재난과 불만으로 가득 찼고, 호화스러운 궁전에서 아첨꾼에게 둘러싸인 왕은 아무것도 볼 수 없었다.

대다수의 백성들은 그곳이 어디든 이곳보다 나은 삶을 찾아 떠나기로 결심했다. 재주 좋고 어진 어부, 농부, 석공, 교사, 법률가, 심지어 궁전의 신하들까지도 지혜롭고 정의롭게 통치되는 이웃 나라로 이주했다. 떠나기 두렵고 나름의 사정으로 남을 수밖에 없었던 사람들은 무거운 마음으로 아첨을 하며 지냈다.

왕이 그의 백성들이 어디로 갔느냐고 물었을 때 신하들은 아찔했다. 왕의 잔인함과 홀대 때문에 최고의 인재들이 이 땅에서 떠났다는 사실을 어찌 말할 수 있겠는가? 그들은 사실을 고하는 대신 이렇게 말했다.

"대왕님, 그들은 여기에 있기에는 자신들이 부족하다는 것을 알고 왕국을 떠났습니다."

이에 왕은 별다른 고민도 없이 맞장구를 쳤다.

"그래, 잘 갔구나. 잘 갔어."

마침내 왕국의 국력이 쇠해, 정복된 땅에서 살던 사람들이 왕의 통치에서 벗어나 반역자가 되었다. 게다가 왕국을 떠난 수많은 군인과 정치인은 반역자가 된 자들의 땅을 그들이 새로이 정착한 왕국으로 끌어들였다. 이 같은 사태를 보고 왕은 배신감과 복수심에 사로잡혔다. 왕은 도망친 군인들을 죽이라고 포고했고 왕의 백성들은 그를 더욱더 두려워하게 되었다. 왕국의 통치자인 왕은 괴물이 되고 말았다.

신하들은 더 이상 아첨과 칭찬만으로는 왕을 만족시킬 수 없다는 것을 느끼고 절망하기 시작했다. 그러던 중 신하 한 명이 말했다.
"왕이 외로운 것 같소. 왕에게도 부인이 필요하지 않겠소? 부인을 얻으면 그 부인이 왕을 친절하고 자비롭게 변화시키지 않을까 싶소만. 우리가 연회를 열어 이 땅에서 가장 아름다운 여인들을 초청하면, 분명 거기서 왕비를 찾을 수 있을 것이오."
신하들은 영리했다. 그들은 왕에게 왕의 통치 업적을 축하하는 연회를 준비하겠다고 말했다. 그들은 이번 연회에서 위대한 왕의 위세를 떨치면 주변 적국의 통치자들에게 부러움을 살 수 있을 것이라 말했다. 신하가 제시한 연회에 대한 아이디어에 기뻐하며 왕은 그들에게 가호를 내려주었다.
고통 속에 하루하루를 살고 있는데도 불구하고 연회 개최 소식은 왕국의 많은 백성에게 기운을 북돋아주었다. 이러한 행사는 흔치 않은 일이었다. 주변 국가의 귀족과 함께 왕국의 백성 모두가 연회에 초대되었다. 수많은 귀족 여성이 연회에 참석할 예정이었다. 신하들은 확실히 그중 한 사람에게 왕이 마음을 빼앗길 것이고, 그 여인이 왕의 차갑고 딱딱한 마음을 부드럽게 해줄 것이라 여겼다.

드디어 연회가 열렸다. 상상했던 바대로 연회장을 메운 모든 것이 우아하고 호화스럽게 빛났다. 그러나 왕의 반응은 신하들의 바람과 달랐다. 어떤 여인도 마음에 들어하지 않았다. 그의 눈에는 모두 한 가지씩 부족했다.

"이 여자는 못 생겼고, 저 여자는 살쪘고, 너무 말랐고, 너무 크고, 너무 작고, 코가 구부러졌고, 이가 고르지 않고, 너무 나이 들었고, 가발을 썼고, 저 여자는 발이 너무 크네……. 에잇, 모두가 나에겐 뭔가 부족해."

그런데 미모와 우아함으로 연회장에 모인 모든 사람의 마음을 사로잡은 젊은 여인이 있었다. 그러나 그 여인이 왕에게 매우 특별한 마음을 갖고 있다는 것이 분명한데도, 왕은 그녀의 매력에 아랑곳하지 않았다. 신하가 왕에게 그녀를 소개할 때, 그녀는 부끄러운 듯 자신이 직접 만든 눈부시도록 빛나는 아름다운 색의 망토를 선물로 바쳤다. 그러나 왕은 퉁명스럽게 말했다.

"이 넝마 조각을 가지고 뭘 하라는 것이냐?"

그러고는 일어서서 그 아름다운 망토를 한쪽으로 던져버리고는 성큼성큼 연회장을 떠나버렸다. 왕은 궁전 밖으로 나가 숲으로 향하면서 어느 여인도 마음에 들지 않는다며 몹시 화가 난 큰 목소리로 투덜거렸다.

궁전을 둘러싸고 있는 차가운 숲속 공기를 쐬니 분노가 가라앉았다. 잠시 숲을 거닐자니 흘러나온 샘물이 만들어낸 깊고 맑은 연못이 나왔다. 연못은 달빛에 반짝거리고 있었다. 왕은 주저 없이 옷을 벗어젖히고 차가운 연못으로 미끄러지듯 들어가 몸을 담갔다. 기분이 매우 상쾌해져서 연못에 담갔던 몸을 추스르고 나왔는데 그제야 벗어놓은 옷이 없어졌다는 것을 알고 아연실색했다. 대체 누가 감히 왕의 옷을 훔쳐갔는지 화가 머리끝까지 치솟았다. 누가 이런 무모한 짓을 할 수 있지? 궁전으로 돌아가야 하는데……. 그러나 벌거벗은 왕이 할 수 있는 것은 아무것도 없었다. 어떻게 옷도 걸치지 않고 궁전으로 돌아갈 수 있겠는가?

어떻게 해야 할지 고심하던 중에, 바스락거리는 소리와 함께 이내 불길한 으르렁 소리가 들렸다. 그가 목욕을 했던 연못 옆에 거대한 곰이 서 있었다. 포악하게 생긴 곰은 아주 더러웠고 사납고 굶주린 듯했다. 왕을 잡아먹으려는 것이 분명했다. 왕은 자신을 보호할 무기 하나 없이 공포에 사로잡혔다. 왕은 죽어서 이 혐오스러운 동물의 먹이가 될 것만 같은 공포에 휩싸였다. 정말 끝장인가? 왕은 늘

온 백성의 비통함 속에서 사랑하는 신하들에게 둘러싸여 죽어가는 상황을 상상해왔는데, 지금 이곳에는 아무도 없다. 그리고 아무도 그를 찾을 수 없을 것이다. 왕은 그 생각만으로도 견딜 수 없었다.

모든 희망을 잃어갈 즈음, 어디서 나타났는지 갑자기 이방인이 나타났다. 왕은 그에게 살려달라고 애원했다. 이방인은 왕의 그 말에 응답했다.

"도와드리겠습니다. 그러나 제 조건을 들어주셔야만 합니다."

왕은 "무엇이든지요!"라며 비명을 치듯 애원했다. 곰의 거친 숨소리가 왕의 얼굴을 덮쳤다.

왕의 대답이 끝나자마자 이방인은 곰 앞으로 내달려서 한칼에 곰을 죽였다. 그러고는 곰의 지저분한 가죽을 벗겨내고 왕에게 말했다.

"위대한 왕이시여, 제가 당신에게 이 곰 가죽을 드릴 테니 이것으로 벗은 몸을 가리십시오. 이 곰 가죽이 외투이자 담요로써 당신의 몸을 가려줄 것입니다. 당신의 목숨을 살려준 대가로 제가 내놓는 조건은 오늘부터 이 곰 가죽을 입는 것입니다. 어딜 가든 이 새 외투가 당신과 함께할 것입니다."

말을 마치자마자 이방인은 왕의 머리 위로 곰 가죽을 씌웠고, 곰 가죽은 마치 접착제로 붙인 것처럼 왕의 몸에 착 달라붙었다.

왕은 이 더럽고 냄새나는 털가죽으로부터 벗어나려고 울부짖었다.

"내 관복을 돌려다오!"

그러나 이방인의 대답은 단호했다.

"애쓰지 마세요. 진정한 왕이란 무엇이고, 당신의 백성이 어떻게 하면 행복하고 번영할 수 있는지 당신이 알게 될 때까지 이 곰 가죽을 입어야 할 겁니다."

왕이 이방인에게 욕설을 퍼붓는 와중에 이방인은 눈앞에서 홀연히 사라져버렸다.

이방인의 설명에도 불구하고 왕은 곰 가죽을 벗으려고 온힘을 다했다. 그러나 그럴 가망은 없어 보였다. 곰 가죽은 마치 왕의 피부처럼 착 달라붙어 있었다. 왕은 다시 연못으로 뛰어들어 곰 가죽을 씻어내려 했다. 그런데 그 순간 왕은 물에 비친 자신의 모습을 보고는 우뚝 멈추고 말았다. 검고 더러운 머리털이 그의 얼굴을 감싸고 있었고, 치아는 노랗고 위협적이었으며, 눈은 작고 까맣고 비열해 보였다. 손톱은 갈고리처럼 길게 휘어져 있었다. 바로 악몽에서 본 형상이었다.

그럼에도 불구하고 곰이 된 왕은 궁전으로 돌아가기로 결심했다. 경비병들에게 이야기하면 자신을 알아보고 안으로 들일 것이라고 확신했다. 그러면 위대한 예지자를 불러 저주를 풀 방법을 알려달라고 해야겠다고 생각했다.

그러나 경비병은 궁정의 문 앞으로 이상한 형상이 다가오는 것을 보고는 꺼져버리라고 소리치며 돌과 나무 조각을 던졌다. 곰이 된 왕이 내가 왕이니 궁전 안으로 들여보내달라고 하자, 경비병들은 왕이 생전 들어본 적 없는 소리로 낄낄거리며 조롱했다.

"그러셔, 대왕마마. 네 꼴이 얼마나 우아해 보이는지, 네가 풍기는 냄새는 또 얼마나 향기로운지! 그걸로 분명 네 부인을 만나게 될 거야. 꺼져버려! 이 괴물아, 다시 돌아오면 죽여버리겠어."

곰이 된 왕은 분노했다. 어떻게 그들이 나에게 이럴 수 있는가? 어떻게 나를 조롱거리로 만드는가? 어찌 감히 내게 징그럽고 냄새 난다고 말할 수 있는가? 어찌 나의 이 상태를 누구도 동정하지 않는가?

경비병에게 쫓겨난 왕은 배회하는 것 말고는 아무것도 할 것이 없었다. 그러나 어딜 가도 마찬가지였다. 그의 형상은 만나는 모든 사람을 겁먹게 했다. 조금 전까지만 해도 그는 이 왕국에서 가장 두렵고 힘 있는 사람이었다. 그런데 지금은 사람들로부터 외면당하고 위협받고 무시당하는 괴물이 되어버렸다. 이리저리 배회하는 동안, 왕은 자신이 백성들에게 주었던 공포가 어떤 것인지 알 것 같았다. 왕은 그곳이 어디든 가는 곳마다 충분치 못한 음식과 돈, 그리고 사람들 사이의 불신을 보았다. 어느 누구도 왕에 대해 좋은 말을 하지 않았다. 아니, 좋은 말은커녕 왕의 오만과 자만심이 백성들을 궁지로 몰아넣었다고 비난했다. "우리 왕국에 괴물은 하나면 충분해."라며 사람들은 곰이 된 왕을 마을 밖으로 쫓아냈다.

'내가 얼마나 이기적이었던가!' 곰이 된 왕은 생각했다.

'나는 모든 사람이 나를 사랑하는 줄로만 알았다. 그런데 그들은 나를 두려워하고 경멸했다. 나의 잔인함으로 인해 친절한 마음과 측은지심이 왕국에서 사라져버렸다. 내가 그들을 섬길 수 있어야만 비로소 통치할 수 있는 것이었는데……. 내가 이렇게 된 것도 다 자업자득, 당연한 것이네.'

그렇게 생각하자 왕의 오랜 오만이 녹아내리고, 차갑고 딱딱하게 굳은 마음이 겸손하고 부드러워졌다. 왕은 '겉으로는 왕처럼 보였지만, 내 속에 괴물이 살고 있었네.'라고 탄식했다.

'이제 내가 괴물이 되고 보니, 왕이 어떻게 해야 하는지 알 수 있을 것 같구나. 인생이란 참으로 이상하구나. 저주가 축복이 되다니!'

시간이 흐를수록 곰이 된 왕은 방랑자의 삶에 익숙해졌다. 왕은 발길 닿는 대로 떠돌며 할 수 있는 일을 했다. 그런데 그 일은 대개 어느 누구도 하고 싶어하지 않는 끔찍하고 더러운 일이기도 했다. 그리고 그는 잘 수 있는 곳이라면 어디서든 잠을 청했다. 괴물 같은 그의 모습을 보고 여전히 어떤 사람들은 두려워하고 피했지만, 또 어떤 사람들은 그가 더 이상 위험하지 않다는 것을 알고 친절하게 대해주었다. 때때로 사람들이 그를 잔인하게 조롱하면, 왕은 전에 그가 했던 행동을 상기했다. 그리고 다시는 그와 같은 왕이 되지 않기를 소망했다. 사람들이 그를 측은히 여기며 음식과 쉴 곳을 제공할 때면, 그는 저주가 풀려 자신이 다시 왕이 된다면 그들과 같은 자비를 베풀겠다고 다짐했다. 그는 음식과 돈이 생기면 자신보다 더 못한 처지의 사람들에게 그것을 주었다. 왕은 자비로운 마음을 베풀면서 그 선행이 저주를 푸는 데 도움이 되지 않을까 하는 희망을 품었다. 그는 더 이상 자신의 운명을 비통해하지 않았다. 대신 그가 해야 하고 할 수 있는 일에 최선을 다하면서 감사한 마음을 강하게 느꼈고, 이로써 더욱 타인을 도울 수 있었다.

어느 날 밤, 곰이 된 왕은 이곳저곳 돌아다니다가 동굴을 발견했고 그곳을 휴식처로 정했다. 그는 며칠 동안 숲속에서 구한 산딸기와 나무뿌리 외에는 아무것도 먹지 못한 터라 매우 굶주린 상태였다. 그런데 동굴 안에서 복잡하게 장식된 먼지 쌓인 커다란 나무 궤짝을 발견했다. 곰이 된 왕이 그 궤짝을 열자, 그 안에서 황금과 귀한 보석이 굴러 떨어졌다. 곰이 된 왕은 이 행운에 놀랐다.

'아까 그냥 지나쳐온 여관에 갈 수 있겠는걸. 저녁도 먹고 좋은 곳

에서 잠도 자야겠어.'

그러나 곰으로 변한 이후 늘 그랬던 것처럼, 곰이 된 왕이 여관 문을 두드리자 주인은 그 모습이 다른 손님에게 혐오감을 줄 수 있다며 거절했다. 하지만 곰이 된 왕이 금을 보여주자 여관 주인의 태도가 누그러졌다.

"흠, 마구간에서는 재워줄 수 있어요. 그런데 말이 놀라지 않게 주의해야 합니다."

여관 주인은 혐오스럽게 생긴 왕에게 다른 손님의 눈에 띄지 말라고 당부했다. 그리고 덧붙여 말했다.

"그리고 마구간을 깨끗하게 청소하세요. 거긴 너무 더러워서 아무도 그 일을 하려 하지 않거든요."

곰이 된 왕은 그리하겠다고 약속했다.

여관 주인이 음식을 가져다줄 때까지 곰이 된 왕은 마구간을 쓸고 닦고 반짝반짝하고 산뜻하게 청소했다. 그리고 잠을 잘 수 있도록 밀짚을 깔았다. 그런데 그가 쉬려고 누우려는 참에 마구간 문 밖에서 흐느끼는 소리가 들려왔다. 누가 그렇게 슬프게 우는지 알아보기 위해 일어나 나가니, 슬픔에 찬 노인이 그곳에 있었다. 곰이 된 왕을 보자 그 노인은 울음을 멈추고 도망가려 했다. 그러나 곰이 된 왕은 그에게 포근한 그의 마구간으로 들어와 쉬라고 했다. 그리고 왜 그리 슬피 우는지 물어보았다.

그는 왕에게 미움을 받아 쫓겨난 과거의 귀족이었다. 그는 왕에게 잘못된 나라 운영으로 백성들이 가난해지고 불행해졌으며, 많은 백성들이 나라를 떠나고 있다고 경고하려 했다. 그러나 왕은 진실을 받아들이지 않고 그를 궁전에서 쫓아냈고, 그것도 모자라 그의 모든 재산을 압수했으며 그의 집을 불태워버렸다. 지금 노인은 먹을 것조차 구할 수 없는 처지라고 했다. 자신의 처지에 대해 말하며 노인은 북받쳐 울었다.

"나는 늙고 지쳤소. 나는 오래 못 살 것 같소. 그런데 나의 가난한 세 딸은 어떻게 될까 걱정이오. 아마 내 딸들도 굶주려 죽지 않겠소."

곰이 된 왕은 노인에게 닥친 그 모든 불행이 자신의 탓이라는 것을 알고 슬픔에 잠겼다.

"만약 그것만이 당신의 슬픔이라면 내가 당신을 도울 수 있어요. 돈이라면 내게 충분하오."

곰이 된 왕은 이렇게 말하며 황금을 노인의 손에 쥐여주었다. 노인은 너무나 행복해하며 기쁨을 감추지 못했다. 그리고 감사해하며 어떻게 답례해야 할지 물었다.

"나는 매우 고독한 사람입니다. 나를 보세요. 누가 나와 어울리려고 하겠습니다."

곰이 된 왕은 이렇게 답하며 한숨지었다. 그 말에 노인이 지체 없이 대답했다.

"제가 함께해드리지요. 오셔서 저와 저희 딸과 함께 지내세요. 가축우리보다는 나을 겁니다. 당신을 위해 방도 만들어드리지요. 제 딸들은 모두 아름답습니다. 제 딸 중 한 명을 당신의 부인으로 택하셔도 좋습니다. 제 딸들이 당신의 자비로운 선행을 들으면, 다들 당신의 신부가 되고자 할 것이라고 믿습니다. 당신은 잘생기진 않았지만 중요한 것은 마음이지요. 제 딸들도 당신이 얼마나 친절한지 알게 될 것입니다."

곰이 된 왕은 그 말에 너무도 기뻤다. 이제 정말 행복과 더 나은 삶을 위한 기회가 자신에게도 찾아오는 것일까? 그는 노인의 제안을 받아들여 그의 오두막으로 따라갔다.

곰이 된 왕과 노인이 오두막 앞에 도착했을 때, 노인은 자신이 한 약속의 말을 딸들에게 설명하는 동안 곰 모습을 한 왕은 밖에서 기다리는 편이 현명할 것이라고 생각했다. 노인이 먼저 들어가 딸들에게 무슨 일이 있었는지 설명하는 동안 첫째 딸이 창문 밖으로 곰이 된 왕을 내다보았다. 첫째 딸은 비명을 지르며 도망쳐 화단에 숨어버렸다. 둘째 딸도 창밖을 내다보고는 기겁을 했다.

"아버지! 어떻게 저런 괴물을 제 남편으로 받아들이라고 하십니까? 너무 징그럽습니다. 저 괴물과 함께 어찌 하루라도 살 수 있겠습까. 차라리 시체와 결혼하는 편이 낫겠네요."

둘째 딸 역시 도망쳐서 지하 창고에 숨어버렸다. 그러나 가장 어린 막내딸은 달랐다.

"아버지, 아버지 말씀을 들으니 저 괴물이 선한 마음을 갖고 있는 것이 분명하네요. 선한 마음은 잘생긴 모습보다 더 중요하지요. 제 배우자로 그를 맞이하면 정말 행복할 거예요."

곰이 된 왕이 셋째 딸을 보는 순간 그녀가 누군지를 알아보았다. 그녀는 연회장에서 그에게 아름다운 망토를 준 바로 그 여인이었다. 그는 고맙다고 하기는커녕 그 망토를 던져버렸던 것이 기억났다. 이제야 그는 그녀의 아름다움과 친절한 마음을 볼 수 있게 되었다.

그녀를 처음 봤을 때는 왜 그걸 알아차리지 못했을까? 그는 자신이 지금 얼마나 추하고 더럽고 불쾌해 보일지 생각했다.

'왜 그녀는 다른 언니들처럼 도망가지 않았을까? 왜 괴물 같은 나를 배우자로 받아들였을까?'

그녀가 곰이 된 왕 앞으로 다가와 미소를 짓고 와인 한 잔을 따라주었을 때 곰이 된 왕은 묻지 않을 수 없었다.

"왜 나 같은 괴물과의 결혼을 받아들였습니까?"

젊은 여인이 대답했다.

"저는 괴물로 보이지 않아요. 아버지와 그 딸들을 불쌍히 여기고 도와준 사람으로 보인답니다. 제게 당신은 세상에서 가장 사랑스러운 사람이고, 저는 제가 할 수 있는 것 이상으로 당신을 사랑할 겁니다."

곰이 된 왕은 그 말에 깊이 감동했다. 이 젊은 여인은 그를 겉모습이 아닌 사람 됨됨이를 보고 사랑하려 했다. 그녀는 추악한 얼굴과 흉물스럽게 털이 난 몸을 보지 않고, 그 안에서 진실과 선을 보았던 것이다. 그러나 이러한 행복한 생각은 그를 매우 슬프게 했다. 이방인의 저주에 걸린 몸으로 어떻게 그녀에게 결혼하자고 할 수 있겠는가. 그는 한숨지으며 그녀에게 말했다.

"맹세합니다. 당신은 나의 신부가 될 겁니다. 그러나 지금은 결혼할 수 없습니다. 나는 떠나야 합니다. 그러나 이 반지를 받으세요. 약속의 반지입니다. 나도 다른 한쪽을 가지고 있겠습니다. 그 반지를 보며 매일 당신을 기억하겠습니다. 제가 준비가 되면 돌아와 당신과 결혼하겠습니다."

곰이 된 왕은 그녀의 손가락에 반지를 끼워주며 말을 이었다.

"제가 돌아오지 못한다면 당신은 약속에 얽매이지 않아도 됩니다. 제가 돌아오지 않는다면 그건 필시 죽었기 때문일 겁니다."

곰이 된 왕은 말을 마치고 다시 길을 떠났다.

불쌍한 예비 신부는 그가 떠나자 슬픔의 눈물을 흘렸다. 자매들은 그녀의 마음을 다독여주기는커녕 조롱하고 놀려댔다.

"어떻게 그런 괴물과 결혼할 마음을 먹을 수가 있어? 아무도 네가 그를 사랑한다는 걸 믿지 않을 거야. 모든 사람이 너를 비웃을걸."

그러나 그녀는 빈정거리는 자매들을 무시하려고 최선을 다했다. 그러면서 그가 주고 간 반지를 바라보며 간절히 기도했다.

"내게 돌아올 때까지 그를 안전하게 지켜주세요."

이방인이 숲에서 왕의 목숨을 구해주고, 저주가 축복이 되어 그를 변화시킨 지 1년이 되었다. 곰이 된 왕은 이 모든 모험이 시작된 연못으로 돌아가 보기로 결심했다. 어쩌면 그를 곰으로 만들었던 이방인이 그의 피나는 노력과 자비의 행위, 그리고 강렬한 소망을 알고 주문을 풀어줄지도 모른다고 생각했다. 곰이 된 왕은 연못에 도착해서 이방인을 소리쳐 불렀다.

"거기 있어요? 이제 저는 많은 것이 변하여 이곳에 돌아왔습니다."

바람이 불더니 이방인 그 앞에 나타났다.

"내겐 똑같아 보이는데요? 뭐가 어떻게 변했다는 것이지요?"

"나는 이 왕국 곳곳을 배회했습니다. 그리고 교만과 불평등, 가난과 어려움을 배웠습니다. 그리고 친절함과 연민, 자비와 겸손을 배웠지요. 당신 덕분에 저주가 축복이었음을, 자애로운 마음이 왕관보다 더 가치 있다는 것을 알게 되었습니다."

그러자 저주가 풀렸다. 더러운 곰 가죽이 그의 몸에서 벗겨지고 벗어놓았던 왕의 옷이 연못 옆에 다시 나타났다.

왕은 이방인에게 원래의 자리로 되돌려준 것에 대해 감사의 인사를 전했다. 하지만 이미 이방인은 홀연히 사라진 뒤였다. 왕은 그의 번쩍이는 옷을 입고 궁전으로 향했다. 그가 문 앞에 도착하니, 나무 조각과 돌을 던져 그를 쫓아냈던 그 경비병이 서 있었다. 왕이 오는 것을 보고 문을 활짝 열어 맞이하며 이렇게 외쳤다.

"대왕마마! 무사하셨군요. 여기 있던 흉물스러운 야수를 못 보셨나요? 그놈이 왕을 모욕하고 여기로 들어오려 했습니다. 그놈이 혹여나 대왕님을 해칠까 봐 걱정했습니다."

왕은 자신이 그 모든 일을 겪은 지 그리 오래되지 않았다는 것을 알게 되었다.

연회는 끝나 있었다. 귀한 손님들은 돌아갔고 궁전은 조용했다. 왕이 집무실로 들어가니 모든 사람이 몸을 사리고 공포에 떨며 머리를 조아렸다. 마치 곰이 된 왕에게 모두들 그랬듯이. 왕의 마음은 회환과 창피함으로 무거워졌다. 왕의 모습을 되찾았지만, 사람들은 여전히 그를 괴물로 보고 있었다. 그는 자신에게 맹세했다.

'나는 바뀔 것이다. 나는 나의 백성들 앞에서 겸손하겠다. 나는 백성을 사랑하는 법을 배웠다는 것을 그들에게 보여줄 것이다. 그리고 이전의 나 자신을 후회하고 반성한다는 것도 백성들에게 보여줄

것이다.'

다음 날 왕은 네 명의 책사를 불렀다. 그리고 그들 각각에게 황금이 든 주머니를 주고 이렇게 말했다.

"이 황금 주머니를 들고 궁전을 나서라. 동서남북으로……. 그리고 씨 뿌리고 경작하는 농부에게 나누어주어라. 강을 잇는 다리와 작은 집을 보수하는 목수에게도 주어라. 쓸고 닦고 반짝이게 하는 성실한 자들에게 음식을 주고, 그들에게 옷을 주고 잠잘 곳을 만들어주어라. 어려운 사람에게 자선을 베푸는 자를 만나거든 다섯 배로 보상해주고 이 모든 것이 왕의 가호라고 말해주어라. 또한 만약 사람도 아니고 야수도 아니고, 더더욱 괴물도 아닌 가여운 모습을 지닌 이상한 자를 보게 되거든 음식과 쉴 곳을 마련해주어라. 그러면 너희들은 그에게서 선한 마음을 발견하게 될 것이다."

백성들은 이상하게 생각했다. 어떻게 왕이 저렇게 순식간에 변했을까? 왕은 더 이상 음울하지도 분노하지도 위협적이지도 않았다. 이제 그는 늘 웃고, 그의 신하들에게 묻고, 그들이 하는 말에 귀를 기울였다. 이제 왕은 궁전과 길에서 만나는 모든 백성에게 인사했다. 그는 멈춰 서서 그들의 일과 그들의 가정과 그들의 밭과 그들의 과수원에 대해 감사의 말을 전하고 칭찬했다. 사람들은 서로를 바라보며 이렇게 말했다.

"왜 우리는 왕이 오만하고 냉정한 괴물이라고 생각했을까? 왕은 따뜻하고 온화한 마음을 가진 사람이야."

나라의 일이 순조롭게 돌아가던 어느 날, 왕은 마차를 불러 '늙은 현자'의 집으로 가자고 했다. '현자'는 자신을 탄압했던 왕의 마차가 그의 집 앞에 당도하자 두려움에 떨었다. 그러나 용감하게도 왕을 자신의 집 안으로 모셨다. 왕은 그에게 정중히 인사하고 그의 건강을 물었다. 현자는 어리둥절했다. 왕은 현자가 안내한 자리에 앉아 아늑하고 정돈된 집을 칭찬했다. 현자는 왕의 배려 있는 행위에 어떤 말을 해야 할지 몰라 당혹스러웠다. 그리고 마침내 왕을 위해 자신이 무엇을 해야 할지, 무슨 연유로 자신의 집을 찾았는지 물었다. 왕은 놀랍게도 그의 세 딸을 만나게 해달라고 요청했다.

"나는 그대의 세 딸이 무척 아름답다는 것을 알고 있소. 그중 한 분을 나의 배필로 맞이하려 하오."

늙은 현자는 지체 없이 그의 세 딸을 데려왔다.

두 언니는 방문자가 누구인지 그리고 왜 왔는지를 듣자 아름다운 옷을 차려입고 왕을 맞으러 달려갔다. 그 둘은 서로 경쟁이나 하듯 왕에게 포도주와 음식을 올리려 서로를 밀쳤다. 왕은 정중하게 그들의 배려에 감사의 인사를 했다. 그들의 웃음과 행동이 억지이며 그저 아부일 뿐임을 왕은 이미 알았다. 왕은 막내딸이 보고 싶었지만 어쩐 일인지 그녀는 그 앞에 모습을 드러내지 않았다. 그녀는 낡은 옷을 입고 부엌에서 '곰이 된 왕'을 그리워하며, 그를 다시 볼 수 없으면 어쩌나 하며 마음 졸이고 있었다. 왕이 더 이상 참지 못하고 현자에게 물었다.

"막내딸은 어디에 있습니까?"

왕의 질문에 큰딸이 대답했다.

"대왕께서는 그 애를 만날 필요가 없으십니다. 그 애는 그저 아궁이 앞에서 온갖 허드렛일을 하다가 멍하니 앉았다가 울기만을 반복하고 있습니다."

이번에는 둘째 딸이 대답했다.

"동생은 매우 우울하답니다. 결혼하기로 약조한 흉물스러운 괴물때문에 일이나 하면서 힘들게 지내고 있어요."

그러나 왕은 아랑곳없이 그 셋째 딸을 빨리 데려오라고 명령했다.

그녀는 방에 들어와 왕을 보고는 머리를 굽혀 진심으로 절을 했을 뿐, 왕의 얼굴을 쳐다보지는 않았다. 낡은 드레스에 얼굴에는 숯검댕을 묻힌 채 떨고 있었다. 왕이 다가가 그녀의 초췌한 손을 잡자그녀는 더욱더 떨었다. 왕은 그녀의 손바닥에 반짝반짝 빛나는 왕의 반지를 떨어뜨렸다. 그것은 그 '괴물'이 떠나면서 준 그녀의 반지와 똑같은 것이었다. 어떻게 왕이 이 반지를 갖고 있는 것일까? 희망과 두려움으로 눈물지으며 그녀는 왕의 얼굴을 응시했다.

"맞소. 내가 당신에게 사랑과 결혼을 약속한 그 흉측한 괴물이오. 나는 내 오만과 폭정 때문에 저주를 받아 오랫동안 왕국에서 추방되어 방랑했소. 그러나 그 저주는 겸손과 배려, 그리고 선한 마음의 가치를 배우는 은혜였소. 내가 그러한 교훈을 터득하자 다시 인간의 몸으로, 그리고 다시 한번 왕으로 돌아올 수 있게 되었다오."

왕은 그 셋째 딸을 안았다. 언니들은 그들이 아첨했던 왕이 전에 자신들이 조롱했던 야수였다는 것을 알고는 부끄러워서 그 자리에서 뛰쳐나갔다.

그다음 이야기는 누구나 추측할 수 있다. 왕은 그녀와 결혼했고, 그 땅에는 행복과 풍요, 그리고 웃음이 떠나지 않았다. 왕과 왕비를 사랑하는 백성들은 영원히 행복하게 살았다. "

오만은 모든 것을
폐허로 만든다

마음 아프게도 수많은 회사들이 이야기 초반부에서 왕이 왕국을 다스렸던 방식으로 회사를 운영한다. 그리고 많은 리더들이 그와 같이 오만하며 조직원들의 마음을 알아차리지 못한다. '곰이 된 왕' 이야기가 보여주듯, 어떤 조직문화에서는 권력자에게 진실을 말하는 것이 매우 위험하다. 이처럼 무섭고 악질적인 환경에서는 진실을 고하면 쫓겨날 것이고, 그렇다고 해서 아무것도 하지 않으면 실패한 왕국의 공모자로 남을 수밖에 없다. 그러한 연유로 능력 있는 사람은 침몰하는 배에서 빨리 하차하거나 다른 곳으로 자리를 옮기려고 한다. 이야기 속 왕처럼 리더들이 궤도를 이탈하는 근본적 이유는 그 자신과 그를 둘러싼 모든 사람의 관점과 행동을 사실과 다르게 해석하는 오만함 때문이다.

나는 '곰이 된 왕'과 같은 고객을 만난 적이 있다. 다국적 기업의 아시아 본부 CEO인 톰이었는데, 그는 모든 사람이 자신을 좋아하며 그 자신이 언제나 옳다고 여기면서 거만하게 조직을 운영했다. 그는 자신은 잘못을 저지를 리 없다는 듯 모든 것을 다 아는 것처럼 행동했다. 만약 혼자 사는 세상에서 그랬다면 아무 문제 없었겠지만, 큰 사업체의 수장을 맡고 있었기에 그의 이러한 행동은 수천 명에게 영향을 주었다. 그의 오만한 행동과 자기중심적인 생각, 자만심, 허풍, 편파적인 행동, 그리고 거만함은 모든 사람에게 고통을 주었다. 그는 모든 사람이 자신의 명령과 지시에 따라야 하고, 이의를 제기해서는 안 된다고 여겼다. 그를 잘 아는 사람들은 그가 조직원들을 폄하함으로써 그 자신의 불안감을 상쇄하려 한다는 것을 알아챘다. 그러나 사람들이 그 이유를 알든 모르든 그의 행동은 조직에 심각한 위기와 높은 이직률을 야기했다.

그가 아시아 본부의 CEO로 재직하는 기간이 길어질수록 그에 대한 구성원들의 불신은 점점 더 커져만 갔다. 왜냐하면 CEO인 톰과 다른 의견을 제시하면 어떤 일이 일어나는지를 너무도 잘 알고 있었기 때문이다. 그의 분노 폭발은 전설적인 지경에 이르렀다. 별것도 아닌 일에 분노를 터뜨려, 공개적으로 직원에게 망신을 주고 당황스럽게 했다. 의사결정이 필요한 사안이 있으면 그는 자기 마음에 드는 소수의 사람들과 뒤에서 대충 이야기를 나누고 자기 방식대로 처리했다.

톰은 실수를 용납하지 않았다. 그러면서도 일이 틀어지면 다른 사람에게 책임을 전가했다. 그는 전체적인 맥락을 알고 일을 명료하게 처리하려는 사람들을 매우 가혹하게 대했고, 다른 사람의 의견 따위는 아무런 가치가 없다고 생각했다. 성공은 모두 자신이 독차지했고 다른 사람의 공헌을 인정하지 않았다. 그는 공공연하게 타인의 아이디어를 폄하함으로써 그 아이디어의 부정적 측면을 부각시켰고, 타인의 아이디어가 자신의 생각과 다르면 무조건 타인에게 양보하라고 강요했다. 그와 일하는 그 누구도 자신이 제대로 평가받고 있다고 느낄 수 없었다.

톰은 오로지 돈과 권력, 권위에만 관심이 있었다. 그는 세상의 관심을 즐겼다. 시간이 갈수록 오로지 자기만을 높이려 했고, 자신의 지위를 과도하게 강조했으며, 결국 자신을 제어하는 능력을 잃어버렸다. 사람들과의 관계는 점점 더 어려워졌고, 자멸적 단계에까지 이르게 되었다.

톰은 자기 위에 누군가 있는 것을 참지 못했다. 지역 책임자 자리도 성에 차지 않았다. 승진을 하면 할수록 그는 자기중심을 잃어갔다. 아시아에서의 성과가 그다지 좋지 않다는 사실을 그는 오랫동안 숨겨왔다. 톰은 상사들을 관리하고, 결과를 자신에게 유리하게 설명하는 데 능숙했다. 그는 상사에게는 겸손한 척하고, 부하직원에게는 무례한 두 얼굴의 사나이였다. 그와 함께 일하는 대부분의 사람은 불만에 휩싸였고 동기를 잃었다. 이러한 상황이 지속되자 회사의 성과도 저하될 수밖에 없었다.

그러다 마침내 톰에 대한 본사의 신뢰가 무너지는 사건이 벌어졌다. 사실 그의 신뢰는 모래성과 같은 허상에 불과했기 때문에 신뢰가 무너지는 것은 시간문제였다. 지역본부 사무실을 보수 공사하면서 그가 예산을 초과해 사용했는데, 본사에서 이 과정에 무엇인가 잘못이 있다는 것을 알아챘다. 이는 톰과 함께 일하는 몇몇 임원이 본사에 불만을 제기함으로써 알려졌다. 이 임원들은 더 이상 잃을 것이 없다는 심정에서 그간 쌓인 문제를 공론화했다. 그들은 최종성과에 대한 거짓 보고와 더불어 그들이 받은 감정적·물리적·정신적 피해까지 모두 문서화하기에 이르렀고, 결국 톰은 해고되었다. 공교롭게도 그때는 그가 이혼을 해서, 부인과 아이들이 고향으로 돌아간 시점이었다.

자존심 센 그로서는 이와 같은 사회적 굴욕과 사적인 시련의 폭풍을 견디기 어려웠을 것이다. 한때 그와 가까이 지내던 몇 안 되는 친구 중 한 명이 나를 알고 있었는데, 그 친구는 나에게 컨설팅을 받으면 어려움에서 벗어나는 데 도움이 될 거라며 톰에게 제안했다.

톰은 나의 피드백을 즐겁게 받아들이지는 않았지만, 그가 한 행위가 다른 사람에게 어떤 영향을 미쳤는지, 그리고 자신이 그의 부인을 포함해 다른 사람들을 얼마나 괴롭혔는지를 자각하는 데는 도움을 줄 수 있었다. 시간이 조금 지난 후, 톰은 다른 회사에 자리를 얻을 수 있었고, 그곳에서는 새로운 리더십으로 자리 매김하는 것이 중요하다는 것을 깨달았다. 그에게 '자기인식 여행'과 '역기능적 행동 패턴 버리기'는 쉽지 않은 일이었지만, 결국 그는 가장 최악의 리더는 자신의 결점을 수용하는 데 실패한 리더라는 것을 이해했다.

자만심(오만, 그리고 자신과 자신의 성취에 대해 겸손하지 못한 마음)은 비극문학에서 계속해서 반복되는 주제이기도 하다. 소포클레스의 《오이디푸스 왕》, 셰익스피어^{William Shakespeare}의 《오셀로》, 그리고 밀턴 ^{John Milton}의 《실낙원》이 그 위대한 작품들의 예이다. 《실낙원》의 유명한 시에서 마왕은 "천국에서 종노릇하기보다 지옥에서 왕 노릇하고 싶다"고 외친다. 이는 히틀러^{Adolf Hitler}, 무솔리니^{Benito Mussolini}, 후세인^{Saddam Hussein}, 카다피^{Muammar Gaddafi} 등이 근대 역사의 무대에서 연출한 비극과 그 성격이 같다. 픽션에서건 논픽션에서건 이런 유형의 인물은 결국 모두 비참한 결말을 맞이한다.

그러나 우리가 다루는 동화는 변화와 구원이 가능하다고 말한다. 곰이 된 왕 이야기의 결말은 일반적인 이야기의 결말과 매우 다르다. 이 동화에서 왕은 두 번째 기회를 얻는다. 그는 우리에게 동정을 받을 뿐만 아니라, 자신의 실패를 인지하고 그것을 보완한다. 그래서 오만한 리더가 어떻게 행복에 도달하는지를 보여준다. 또한 어떻게 하면 오만한 리더가 겸양의 미덕을 갖추고 균형감각을 유지할 수 있는지도 제시한다. 정확히 말해, 리더는 혹세무민의 시대에 부하들이 균형감각을 유지하고 버틸 수 있도록 도와줘야 한다. 겸손과 자신감 사이에서 균형을 잡는다는 것은 리더들에게 크나큰 도전이 아닐 수 없다. 그 균형의 추錘가 오만으로 향하고 겸손과 멀어질 때, 모든 조직과 사회, 그리고 국가는 비극을 경험할 수밖에 없다.

곰이 된 왕 이야기가 묘사하듯, 오만한 자아는 탐욕스러운 욕구를 가지고 있다. 왕국 안에서 사랑스러운 여인을 만났고, 왕에게 그녀가 최선의 짝임에도 불구하고, 그는 그 한 사람을 알아보지 못한다. 자신에 대한 사랑이 지나치면 그 어디에서도 만족을 찾을 수 없다. 아이러니하게도, 텅 비어 있는 사람들은 대개 그 속에 자기 자신만이 가득하다.

리더는 오만에 빠지기 쉽기 때문에 끊임없이 경계해야 한다. 오만은 무의미한 거짓 감각을 부여한다. 때문에 오만에 사로잡히면 객관적이고 도덕적인 충고나 애정 어린 충고를 무시하고 자기 안에 갇혀 안락함을 추구하기 쉽다. 그래서 일반적으로 오만한 사람은 권력의 자리에 그대로 있는 한, 자신의 실패를 완벽하게 보지 못한다. 오만한 사람은 불행하게도 듣고 싶은 것만을 듣고, 듣고 싶지 않은 것에 대해서는 귀를 닫아버린다. 그의 측근이 되려면 그가 듣고자 하는 달콤한 말만 해야 한다. 리더가 의미 있는 대화에 더 이상 참여하지 않을 때, 그들은 비극의 주인공이 될 수밖에 없다.

매일매일 오만함이 초래한 비극적 결과가 뉴스에 넘쳐난다. 자만, 자기애, 자기기만, 비판에 대한 저항, 그리고 (회사나 협회의 경우) 집단사고(의사결정 집단에서 대안의 분석 및 이의제기를 억제하고 합의를 쉽게 이루려고 하는 심리적 경향 - 옮긴이)가 위험하게 결합되어 '나는 모든 것을 알고 있다'라는 권위가 생겨나고, 그로 인해 오늘도 잘못을 저지르는 주인공들이 쏟아져 나오고 있다.

나르시시즘

오만함은 극단적인 자기도취적 행태로, 개인적인 만족과 자기실현을 추구하려는 오늘날의 '자기중심주의 세대me generation'에게서 나타나는 고질적인 문제다. 오만함을 이해하려면 우선 나르시시즘을 해체해봐야 한다. 만약 나르시시즘의 파괴적인 영향과 그 근원을 이해할 수 있다면 오만함의 발단을 억제하는 방법을 발견할 수 있을 것이다.

나르시시즘에는 건강한 면과 그렇지 못한 두 가지 측면이 있다. 자기애는 생존을 위한 필수요소다. 만약 유기체에 자기애가 없으면, 그 유기체는 죽음을 맞을 수밖에 없다. 그러나 뭐든 넘치면 문제가 된다. 과도한 자기애는 파괴적일 수 있다. 아주 적당량의 나르시시즘은 자존감을 지속시키고, 자신의 동질성을 발전시켜나가는

데 필수적이다. 자기주장, 신뢰, 창조성과 같은 긍정적인 행동 패턴을 형성하는 데 자존감은 반드시 필요하다. 그러나 과한 나르시시즘은 이기주의, 자기 본위, 떠벌임, 공감의 부재, 착취, 극단적인 자기애, 모호한 경계 관리 등의 모습으로 나타난다. 만약 이러한 부정적인 나르시시즘의 모습을 벗어나지 못하면, 그 결과는 앞서 본 것처럼 통제 불가능한 오만함으로 표출된다.

그렇다면 건강한 자존감과 보상적이고 과장된 자아 개념 사이, 어디쯤에 선을 그어야 할까? 그 선을 확인하기란 결코 쉬운 일이 아니다. 그러나 일반적으로, 우리는 더 건강한(건설적인) 나르시시스트와 덜 건강한(반작용적인) 나르시시스트는 구분할 수 있다. 이러한 평가는 개인적 관계 역량, 타인의 아이디어나 감정에 순수한 관심을 보이는 수준, 그리고 잘못을 저질렀을 때 그 행위에 책임을 지는 의지 수준에 의해 이루어진다. 동화 속 왕은 건강한 자기도취적 상태에 이르기 위해 물리적 고통이나 심리적 굴욕을 견디며 많은 시간을 보내야 했다. 그럼에도 불구하고 왕은 이를 받아들였고, 결국 건강한 나르시시즘을 획득해냈다. 이것이 이 이야기의 교훈이다.

나르시시스트는 당당함, 존경의 지속적 추구, 그리고 공감의 부족이라는 핵심적 성격을 갖는다. 그들은 명예와 권력, 지위, 그리고 특권을 노골적으로 추구한다. 그들은 자신이 지닌 것보다 스스로의 가치를 더 높게 평가하기 때문에, 특별한 처우를 당연시하고 자신의 권한이 절대적이라고 믿는다. 일반적인 규범조차 수용하지 않고 무시함으로써 오만함을 드러낸다. 그들은 다른 사람의 감정을 받아들이지 못하고, 자신과 그들은 다르다고 주장한다. 하지만 아이러니하게도 그들 자신의 감정은 대단히 중시한다. 이러한 특성은 이야기 서두에서 왕이 신하와 백성에게 그랬던 것처럼 함께 일하는 사람들을 멀어지게 하고, 나르시시즘을 더욱 강하게 만든다.

우리 모두는 어느 정도는 나르시시즘을 지니고 있고 이를 행동으로 표출한다. 실제로 보통 수준의 나르시시즘은 효과적인 업무 수행에 필수불가결한 요소이긴 하다. 심각한 나르시시스트임에도 불구하고 재능이 있고 사회에 커다란 공헌을 하는 사람을 우리는 쉽게 떠올릴 수 있다. 적정 수준만 지킨다면 나르시시즘의 순기능도 무시할 수 없다. 도가 지나쳐서 역기능이 순기능을 압도할 때 문제가 생긴다.

이야기 속 왕처럼 거드름을 피우고, 거만하고, 질투하고, 분노하고, 고약한 자기도취적 행위의 극단으로 치닫는 사람을 우리는 부정적인 나르시시스트라고 부른다. 만약 이러한 사람이 기업에서 리더의 위치에 오르면 그들은 음성적 재무지출이나 특전이 그들의 권한이라고 여기는 등 비윤리적 행각과 생각으로 자신의 지위를 누리기 십상이다.

도가 지나친 나르시시즘은 인생 발달의 초기 단계에서 상처를 받은 사람에게서 흔히 발현된다. 부모로부터 받은 과도한 자극이나 무관심, 혹은 역기능적인 자극은 자연스러운 성장 궤도에 필요한 '제대로 된 관심'이 아니며, 아이에게 상처를 입힌다. 이러한 좌절의 경험이 발달을 가로막으면 부모와 정서적으로 멀어지고 냉담해지고 사이좋게 지내지 못하게 된다. 방임이나 지나친 칭찬은 성장 발달을 저해할 가능성이 크다. 이처럼 건강하지 못한 환경에서 성장한 사람은 원만한 성격과 일관성을 지니지 못하고 방어적이 된다. 그래서 결과적으로 자존감을 유지하는 데 어려움을 겪고 종국에는 오만한 성격을 갖게 되는 것이다.

이러한 성장 과정을 겪은 사람은 자신의 분노를 관리하기 위해 무의식적으로 사건을 왜곡하고, 상실감이나 실망감 등의 감정을 직면하는 대신 외면한다. 자신의 진짜 감정을 감추기 위해 그들은 자신을 '특별한 사람'으로 포장한다. 어른이 되어서도 그들은 집중적인 관심을 받으려고 어린아이처럼 행동한다. 의식적, 혹은 무의식적으로 어린 시절의 잘못된 경험을 보상받기 위해 매우 강하게 타인의 관심을 갈구한다. 어린 시절에 비하당했거나, 학대당했거나, 곤란한 상황에 처했던 경험은 성장 이후, 다른 모든 사람들에게 뭔가를 보여주고자 하는 욕구를 만들어낸다. 만약 그 뭔가가 가치 있는 것이라면 이 나르시시즘은 건강한 과실을 맺을 수 있다. 그러나 그것이 질투, 탐욕, 과장, 그리고 복수심으로 변한다면, 그 과실은 분명 먹을 수 없는 것으로 자랄 것이다.

그렇다면 무엇이 건강한 나르시시즘이고, 무엇이 그렇지 않은 나르시시즘일까? 그 경계점은 무엇일까? 아쉽게도 이를 뚜렷하게 정의하기란 쉽지 않다. 실제로 이는 주어진 환경과 경우에 따라 다르다. 하지만 좋은 리더를 가려내려면 그 경계를 넘어섰는지 그렇지 않은지를 반드시 판별할 수 있어야 하는데, 나르시시즘이 전혀 없는 리더는 거의 없기 때문에 이는 매우 중요한 문제다.

자신감 넘치는 자기도취적인 리더는 흥분 상태를 만들어 전염시키고 조직을 활성화하는 데 긍정적인 영향을 미친다. 그러나 여기에는 간과하지 못할 단점이 있는데, 대개 흥분감은 순간적이고 매우 빠르게 사라진다. 동화에서 우리는 극도의 나르시시즘에 빠진 왕을 만났다. 그러나 우리는 왕이 과거에는 열정적이고, 날카롭고, 영감을 불러일으키는 사람이었다는 것을 알고 있다. 그는 매우 큰 왕국을 건설했고, 그 왕국은 매우 지적이고 실용적인 기반을 갖춘 번영 국가였다. 그러던 어느 순간 왕이 건강한 나르시시즘과 건강하지 않은 나르시시즘의 경계에 서게 되었고, 그 경계선에서 왕은 목표를 잃어버리고 자기만을 위한 비전을 쌓기에 이르렀다. 대담하고 상상력 풍부하던 그의 자기도취적인 행동은 서서히 단기적인 기회주의로 변질되었다. 왕은 아이디어를 교환하고, 문제를 해결하고, 충고를 듣고, 비판을 받아들이고, 중지를 모으고자 하는 의지를 극단적으로 잃어버렸다. 조직은 소용돌이치는 나락으로 떨어지고 왕의 오만함은 계속해서 또 다른 희생양을 만들어냈다.

　사람들을 어떻게 잘 대하느냐는 모든 리더들에게 중요한 도전 과제다. 과도한 나르시시즘을 품고 있는 리더는 이와 같은 도전에 직면해서 능력을 발휘할 수 없다. 그들은 사람을 있는 그대로 보지 못하고 판단하려 든다. 왜냐하면 그것이 리더 자신의 완벽성을 위장하는 데 매우 효과적인 방법이기 때문이다. 그들은 부하직원의 기대와 요구를 무시하고, 대신 그들의 충성심을 이용하려 든다. 이야기 속의 왕처럼 리더들은 부하직원을 지지하는 대신 무감각하고 무시하는 태도를 보인다. 그들의 행동은 복종과 수동성을 조장하고 중요한 기능을 혼란에 빠뜨리고 사람들을 시험에 들게 하여 불화를 조장한다. 자신의 임무를 저버리고 다른 사람을 무시하고 편협하게 이기심을 부리는 행동은 조직의 파멸을 불러올 뿐이다. 곰이 된 왕 이야기에서처럼 충신은 떠나고 결국 그가 듣고 싶어하는 말만 하는 아첨꾼들과 주눅 들고 무기력한 사람들만 그의 곁에 남게 될 것이다.

오만을 예방하기
위하여

　　　　　　자아도취적인 행동의 위험수위를 정하기는 어려울지 몰라도, 선제적으로 경계를 똑바로 세우고 문제를 인지할 수 있는 측정치를 마련할 수는 있다. 기업이나 사회에서 권력이 집중되면 필연적으로 재앙이 생겨난다. 로드 액턴Lord Acton, 영국 정치인이자 역사가-옮긴이은 "권력은 부패하려는 경향이 있고, 완벽한 권력은 완벽하게 부패한다."고 말했다. 조금 덜 알려진 말이지만 그는 "위대한 사람은 거의 항상 악인이다."라는 말도 했다. 또한 그는 몇 가지 사례를 통해 '가장 위대한 자는 위대한 범죄와 연결된다'는 확신을 갖기도 했다.

　견제와 균형 제도Checks-and-balances system는 리더십을 둘러싼 경계를 세울 때도 매우 중요하다. 조직에서 리더와 다른 주주의 역할을 투명하게 정립하고, 이를 세부규정으로 만드는 것은 기업 운영의 중요한 주제다. 예를 들면, 이사회의 책임, 임원의 자격 요건, 임원과 사장의 올바른 보상 시스템, 이사회에 대한 엄격한 성과 평가 절차, 건전한 감사 절차, 이사회 구성원의 선발 및 교육과 평가제도, 그리고 세심하게 수립된 리더십 성공 계획 등을 사규로 정해두어야 한다. 우량한 기업은 직원과 주주의 요구를 수렴해서 기업의 운영 시스템을 설계하고, 그들이 기업의 의사결정에 적극적으로 참여할 수 있도록 책임 시스템을 갖춘다. 이러한 기준은 권력이 균형을 잡을 수 있도록 도와준다. 이처럼 '역할 구조조정'을 해두면 회사의 중요한 결정사항을 소수가 좌지우지하고 완전히 통제하는 체제의 탄생 자체를 미연에 방지할 수 있다.

위와 같은 제도의 수립은 뭔가 굉장히 대단하고 복잡해 보이기도 한다. 그런데 이와 같은 기업 운용 원칙에 집중하기만 하면 리더의 오만함을 예방할 수 있을까? 이것만으로 충분할까? 우리는 구조와 절차 못지않게 사람에 주목해야 한다. 어떻게 해야 개개인의 마음속에 잠재되어 있는 파괴적인 오만한 행위에 대한 경각심을 높일 수 있을까?

우선 리더들의 잠재적(아직은 오만함을 억누르고 있는 젊은 간부, 오만함을 폭발적으로 드러낼 가능성이 높은 임원, 혹은 경력의 사다리에 오르는 동안 잠시 유예하고 있는 임원) 오만함은 그들의 궁극적 목표, 즉 최고임원의 자리에 도달할 때 드디어 꽃을 피운다. 이 위치에 오르면 그를 견제하는 동료와 선배는 권력을 잃는다. 최고의 자리에 오르면, 개인적 성향과 지위가 화학적 반응을 일으킨다. 동화의 도입부에서 왕이 그랬던 것처럼 권력과 과도한 나르시시즘은 최근까지도 합리적이었던 그 사람 안에 존재하던 괴물을 끄집어낸다. 반작용적인 나르시시스트가 유혹에 더 많이 빠지기는 하겠지만 건강한 나르시시스트들도 그 정도 높은 자리에 오르면 길을 잃을 수 있다. 이사회의 구성원은 이 같은 결탁의 위험 징후를 지속적으로 경계해야 한다. 그리고 임원이 이러한 상태에 있다면, 궁극적인 처벌인 해고로 경계를 그어야 할 필요가 있다.

이사회 구성원이 이 사람을 상담하고 코칭하면, 잠재적인 파괴 행위를 완화할 수 있다. 만약 그 시도가 실패하거나 이사회가 이러한 과업을 수행하기에 적합하지 않다면, 외부의 전문가에게 도움을 받을 수도 있다. 그러나 다른 사람들 모두가 입을 모아 문제가 있다고 하는데도 리더 스스로는 그렇지 않다고 생각하는 경우가 많기 때문에, 아주 소수의 자기도취적 리더만이 외부의 전문적 도움을 받아들인다. 자신의 개인적 불완전함을 받아들이는 데 따르는 불편함, 다른 사람에게 책임을 돌리는 성향은 상처 노출과 도움 요청을 가로막는다.

그들은 보통 불만족, 허무감, 무의미, 기만 등 개인적인 고통이 있을 때 심리치료사나 코치로부터 전문적인 도움을 받겠다고 결정한다. 그들은 상담 과정에서 흔히 의미 있는 관계의 부족, 지루함, 쳇바퀴 도는 일상 등에 대해 토로한다. 그들은 수시로 심한 감정기복을 겪거나 실제로는 없는 병을 있는 것처럼 경험하기도 한다. 또한 그들은 보통 이별, 이혼, 파면 등 돌이킬 수 없는 우울한 상황이 닥치고 나서야 도움을 구한다. 임원이나 이사회는 리더의 이러한 불평 사항이 무엇을 의미하는지 알아야 한다. 왜냐하면 이것이 변화의 노력이 이루어질 수 있는 초석이기 때문이다.

오만한 리더를 상담하는 것은 결코 쉬운 일이 아니다. 코치나 심리치료사는 그를 붙들고 힘겨운 투쟁을 한다. 나르시시스트는 실패에 대한 개인적 책임을 인정하지 않는 경향이 있다. 그 모든 실패는 자신을 질투하는 '다른 사람'이 비현실적인 목표를 설정했기 때문이고, 설혹 목표가 현실적이었다 해도 거의 불가능한 수준으로 정했기 때문이라고 주장한다. 그것도 아니면 누군가 계획을 방해했다고 생각한다. 자신이 특별하고 완벽하다고 생각하는 사람은 변화하기 어렵다. 심리치료사와 코치들은 이런 리더들이 어두운 관계에 끌어들이고 끼리끼리의 찬사를 나누고 외부인을 얕잡아보는 함정에 빠뜨리는 데 탁월한 능력이 있음을 경계해야 한다. 이들은 이런 일에 매우 능숙하며 성공적이기까지 하다.

심리치료사와 코치가 유용하다고 생각하여 제시하는 건설적인 피드백조차 제대로 작동하지 않을 때가 많다. 그들은 아주 작은 비판에도 매우 민감하게 반응하기 때문이다. 건설적인 피드백을 주려면 많은 시간과 노력을 기울여 밑 작업을 해야 한다. 타이밍이 제대로 맞지 않으면 이러한 개입이, 변화를 촉구하는 노력이 계속된다한들 동화 속 왕이 충신들의 입을 다물게 한 것처럼 헛수고로 끝나고 말 것이다. 자기도취적인 리더가 타인에게 관심을 갖고 협력적인 사회적 행동을 하려면 시간이 필요하다.

과도한 나르시시즘에 빠져 있는 사람에게 우리는 시간을 들여 배고픈 곰이 나타나게 하거나 마법의 주문을 연출하는 능력을 발휘해야 한다. 힘들고 어려운 일이지만 이 여정에 동행하는 것은 마치 곰이 된 왕의 이야기에서 그랬듯 매우 만족스러울 수 있다. 위험 징후를 날카롭게 포착해낼 수만 있다면 말이다. 우선은 그들이 자신의 책임을 인지하도록 유도하는 것이 가장 중요한 과제이다. 그다음에는 엉망이 된 현실에 구애받지 않고 스스로를 발견해서 자신이 주로 어떤 방어 프로세스를 사용하는지 인지하게 해야 한다. 오만함으로 고통 받는 리더는 끝도 없이 치닫는 성공과 영광에 대한 유아적인 환상을 버려야 하며, 그의 자존감을 건강하게 세울 수 있는 현실적이고 가능성 있는 상상을 할 수 있어야 한다.

만약 우리가 자기도취적인 구렁텅이로 끌려들어가는 것을 저지하고, 깨지기 쉬운 자아에 대해 공감적 이해를 표현한다면, 그 리더는 마침내 무엇인가가 잘못되었다는 것을 알아차리고 그에 대한 책임감을 갖게 될 것이다. 이처럼 밑 작업을 해서 충분한 신뢰가 쌓이면 그는 남으로부터 거절당하거나 굴욕을 당하리라는 두려움에 떨지 않고 타인을 받아들이는 리더로서의 능력을 갖출 수 있을 것이다. 이러한 과정은 더 확실한 자존감을 수립해준다. 그리고 그 자존감은 결국 효과적인 리더십의 토대가 되는 개인적인 친밀감, 공감

능력, 창의성, 유머, 지혜 등과 같은 개인적인 잠재력을 향상시킨다.

그렇지만 이것이 성장기에 겪은 트라우마, 즉 배신과 학대를 당하고 방치되었던 상처를 치유해주는 즉효 약은 아니다. 곰이 된 왕 이야기에서 보았듯이 나르시시스트를 치유하려면 길고 어려운 절차가 필요하다. 만약 나르시시스트를 치유하는 절차가 실패로 돌아가면, 나르시시스트뿐 아니라 다른 사람들까지도 깨어진 꿈에 대한 대가를 치러야 한다. 자기 이익과 자기실현의 건강한 추구가 자기 몰두^{self absorption}로 바뀌면, 나르시시스트는 타인을 자아의 욕구와 욕망을 충족시켜주는 하찮은 존재로 여기게 된다. 이런 사람들에게 타인은 인간으로서의 본질적 가치를 잃은 일반 소비재나 다름없다. 반면, 자기도취적인 행위가 건설적으로 진화된다면 이는 성공적인 조직으로 가는 원동력이 될 것이다.

나의 자기애는 건강한가

아래 설문은 당신의 자부심과 관련된 요소를 측정하는 항목이다.
해당되는 곳에 체크하라.

---

1 나는 다른 사람을 지배하는 권한을 갖는 것을 좋아한다. ☐

2 나는 형식과 이미지에 신경을 쓴다. ☐

3 나는 사람에게 영향력을 발휘하는 타고난 재능이 있다. ☐

4 나는 쉽게 지루해한다. ☐

5 나는 주목받는 것이 좋다. ☐

6 나는 내가 특별하다고 생각한다. ☐

7 받을 만하다고 생각하는 존경을 받는 것이 나에게는 중요하다. ☐

8 나는 과시적인 사람이다. ☐

9 나는 대부분의 사람보다 유능하다고 생각한다. ☐

<u>10</u> 나는 종종 나에게는 규칙이 적용되지 않는다고 생각한다. ☐

<u>11</u> 나는 비난받는 것을 싫어한다. ☐

<u>12</u> 일이 잘못되면, 보통 나는 다른 사람의 탓으로 돌린다. ☐

<u>13</u> 나는 다른 사람이 나에 대해 어떻게 생각하는지 신경이 쓰인다. ☐

<u>14</u> 나는 다른 사람의 마음을 읽는 것이 쉽다. ☐

<u>15</u> 나는 내가 하는 모든 일에서 성공할 수 있다고 믿는다. ☐

체크한 항목이 많을수록 당신은 오만함으로 고통받을 가능성이 크다. 열 개 이상에 체크했다면 당신은 이기적이고 자기중심적이며 자만심이 많다고 볼 수 있다. 그리고 지나치게 자기 자신에게 몰두해 있다고 볼 수 있다.

일반적으로 오만함은 자기 자신과 타인에게 문제를 일으킨다. 만약 당신이 다른 사람의 필요와 욕구를 마음 깊이 공감할 수 없고, 대개 당신이 최고여야 한다고 생각한다면 갈등은 피할 수 없다. 자신감이 높다고 해서 그 자체가 성격적으로 나쁜 것은 아니다. 더 큰이익을 이끌어내고 기여하고자 하는 열망은 리더가 가져야 할 최고의 자질일 수 있다. 그러나 과도한 자신감은 거만함과 '나는 예외'라는 생각을 낳고, 타인에게 미친 영향을 과대평가하게 하며, 특권의식을 부추긴다. 그럼에도 불구하고 오만함을 민감하게 인식한다면, 당신의 행위에서 잘못의 징후를 포착할 수 있을 것이다. 바로 그 순간이 인격적 결함을 알아낼 수 있는 첫걸음이다.

사람들에게서
최선을
끌어내는가

친절한 노파 이야기

동기부여는 그들이 해야 하는 것을 하고 싶어하는
것으로 만들어 결국 해내도록 하는 예술이다.
_아이젠하워 Dwight Eisenhower

동기부여는 시작하게 해주고, 습관은 계속할 수 있게 해준다.
_짐 리언 Jim Ryun, 미국 육상 은메달리스트, 미국 하원의원

넘어지더라도, 계속해서 앞으로 나아가라.
_빅터 기암 Victor Kiam, 레밍턴프로덕츠 회장

"옛날에 딸 둘을 가진 여인이 있었다. 그중 한 딸은 예쁘고 부지런했으며 또 한 딸은 못생기고 게을렀다. 하지만 그 여인은 못생기고 게으른 딸을 더 사랑했다. 왜냐하면 그 딸이 그녀의 친딸이기 때문이다. 못생기고 게으른 딸은 공주처럼 대접받았지만 의붓딸은 잡부처럼 일만 했다. 의붓딸은 큰일이건 작은 일이건 모든 집안일을 완벽하게 처리했다. 그럼에도 불구하고 계모는 꾸짖고 나무라기만 했다.

"그렇게밖에 못 하겠니! 다시 해, 지금 당장!"

뭐가 잘못되었는지 어떻게 해야 잘할 수 있는지 하는 설명도 없이 여인은 의붓딸을 닦달하기만 했다.

의붓딸에게 삶은 고달팠다. 그녀는 잘 먹지도 못했고 허드렛일을 하느라 잠잘 시간도 충분치 않았다. 그녀의 언니는 식탁 위의 맛있고 향기로운 음식을 즐겼지만 의붓딸에게 돌아오는 것은 남은 음식뿐이었다. 의붓딸은 오로지 누더기 옷만 걸쳤지만 언니는 최고의 옷감으로 만든 멋진 옷을 입었다. 언니가 아름다운 옷을 입고 거실에 앉아 있을 때 의붓딸은 부엌으로 내몰려야 했다. 계모는 걸핏하면 이렇게 말했다.

"그런 누더기를 걸치고 거실에 있지 말거라, 부엌에나 있어. 너한테는 거기가 어울려. 열심히 일이나 해. 더럽고 게으른 것!"

가여운 의붓딸은 아직 해도 뜨지 않은 어두운 새벽에 일어나 물을 길러 우물가로 갔고, 불을 지피고, 밥을 짓고, 빨래를 했다. 그녀의 일이 다 끝나기도 전에 다시 어둠이 찾아왔다. 일이 많지 않을 땐 계모와 언니가 온종일 그녀를 못살게 굴고 트집을 잡고 쓸데없는 일을 만들어 재촉해댔다. 밤에는 침대도 없이 잿더미 옆에 누워야 했다. 계모가 고맙다거나 칭찬하지 않아도 가여운 여인은 자신이 할 수 있는 최선을 다했고, 계모와 언니를 만족시키려고 노력했다.

비가 하염없이 내리는 어느 가을날, 계모는 의붓딸에게 숲에 가서 야생 버섯을 따오라고 시켰다. 계모는 상세하게 길을 가르쳐주고는 반드시 그 길로 가야 한다고 하고는 다른 길로 가거나 야생 버섯을 채취해오지 못하면 큰 벌을 받을 줄 알라며 겁을 주었다. 그러나 그것은 계모의 음모였다. 계모는 의붓딸이 숲 깊은 곳에서 길을 잃고 야생동물에게 잡아먹히기를 바랐다. 의붓딸에게 심부름을 시킨 계모는 사악하게 중얼거렸다.

"이제 식충 하나가 없어질 거야."

계모의 지시에 따라 의붓딸은 희귀한 야생 버섯을 찾으려고 숲속으로 들어가 여기저기를 살폈다. 그러나 어느 곳에서도 버섯을 발견할 수 없었고 점점 더 어둠이 깊은 숲속으로 들어갈 수밖에 없었다. 걸을 때마다 나는 마른 나뭇잎 소리가 으스스했고, 서로 얽혀 있는 굵은 나뭇가지 때문에 빛이 들지 않아 숲은 더욱 음산했다. 이내 그녀는 자신이 길을 잃었다는 것을 알아차렸다. 점점 더 깊은 어둠이 깔렸고, 바람은 늑대의 울음소리처럼 스산했다. 설상가상으로 굵은 빗줄기가 그녀의 뺨을 거세게 때리기 시작했다. 그러나 가엾은 소녀는 집으로 돌아갈 수 없었다. 오히려 더욱 깊은 곳으로 걸음을 재촉하며 "어떻게든 야생 버섯을 찾아야 해."라고 되뇌었다.

마침내 그녀는 더 이상 걸을 수 없을 정도로 지쳐서 통나무에 걸터앉았다. 그녀는 흐느꼈다.

"어쩌지? 어떻게 집에 돌아가지? 버섯이 없으면 집에 돌아갈 수가 없어. 어머니가 매우 화를 내고 야단칠 텐데."

그렇게 서럽게 흐느끼고 있을 때, 조그만 빨간 뱀이 돌 아래 깔려서 벗어나려고 안간힘을 쓰고 있는 모습이 보였다. "가엾은 작은 뱀

이구나, 도와줄게." 그녀는 돌을 들어 올려 뱀이 빠져나갈 수 있도록 해주었다. 뱀은 행복해하며 스르륵 사라졌다.

남은 힘을 다해서 그녀는 야생 버섯을 찾아 여기저기 살피며 숲 안으로 다시 들어갔다. 갑자기 바스락거리는 소리에 다가가보니, 작고 빨간 거북이가 뒤집혀서 손과 발을 버둥대고 있었다. 그녀는 "가여운 작은 거북아, 내가 도와줄게." 하며 거북이를 뒤집어주었다. 바로선 거북이는 즐거워하며 뒤뚱뒤뚱 줄행랑을 쳤다.

더 깊은 숲속에 들어가니 마치 영혼을 깨울 것 같은 아름다운 새소리가 들렸다. 그 소리가 나는 곳으로 따라가 보니, 숲속 빈터에서 아름다운 새가 진심을 다해 노래를 부르며 나뭇가지 위에 앉아있었다. 살면서 이렇게 아름다운 노랫소리는 처음이었다. 넋을 놓고 한참 새소리를 듣고 있는데, 새가 이내 날개를 펴더니 멀리 날아가버렸다. 그녀는 주문에 걸린 듯 그 새를 쫓아 더 깊숙한 숲속으로 들어갔다. 얼마 들어가지 않았다고 생각했을 무렵, 어두운 곳에서 희미한 불빛이 보였다. 그녀는 불빛을 보고 소스라치게 놀랐다. 두 개의 커다란 나뭇가지 사이로 불 밝힌 횃불이 놓여 있었고, 그 사이로 열린 문이 보였다. 빨간 새는 그 위에 앉아 있었다.

"네가 나를 여기까지 데리고 온 거니?"

소녀가 새를 보고 물었다. 새는 그녀를 향해 고개를 갸웃거렸다.

그 순간 소녀에게 극심한 피로가 몰려왔다. 이곳에서 잠시 쉬어야 할 것 같았다.

"들어가도 될까?"

새는 반짝이는 눈으로 그녀를 빤히 쳐다보기만 했다. 소녀는 용기를 내어 말했다.

"그러면 들어갈게. 뭔가 잘못되면 언제고 돌아 나올 수 있겠지."

문 안으로 들어가 보니, 성의 크고 아름다운 홀에 이르렀다. 그녀가 우두커니 서서 무슨 일이 일어날까 싶어 걱정하고 있는데, 누군가 그녀 앞으로 다가오는 소리가 들렸다. 어두운 그림자가 걷히자 가느다란 다리, 긴 코, 그리고 날카로운 쇠 이빨을 가진 매우 늙은 꼬부랑 노파가 나타났다. 공포에 질린 의붓딸이 뛰쳐나가려고 하는데 노파가 뒤에서 그녀를 불렀다.

"뭐가 그렇게 두렵니? 아가야, 이쪽으로 와보렴. 배고프고 지쳐 보이는데, 내가 맛난 음식과 할 일을 줄게. 네가 나를 위해 일을 잘해주면, 행복하게 해줄게."

보기에는 무서웠지만 노파의 목소리는 한없이 부드러웠다. 소녀는 노파에게 감사를 표하고 노파의 제안에 응했다.

노파는 풍성한 음식이 있는 곳으로 의붓딸을 데리고 가 마음껏 먹으라고 했다. 그러고는 말했다.

"나는 소를 많이 키우는데 그 소들을 늑대와 곰으로부터 안전하게 지킬 수 있는 큰 헛간도 있단다. 소들을 몰고 와서 우유를 짜야할 시간인데 이제는 내게 힘에 부치는 일이야. 도와줄 수 있겠니?"

소녀는 조금의 주저함도 없이 소를 몰 긴 나무막대와 우유 통을 들고 나와 목초지로 가서는 소를 몰고 돌아왔다. 몰고 온 소들로 헛간이 가득 찼고, 그녀는 신선한 우유를 짰다. 노파는 무척 기뻐했고 일을 잘해낸 그녀를 칭찬했다.

소녀가 우유를 짜는 일을 마치자 노파가 말했다.

"내가 숲속에 사는 난장이들에게 겨울 대비용 담요를 짜주려는데 실이 필요하구나. 도와줄 수 있겠니?"

소녀는 친절한 노파에게 그녀가 할 수 있다는 것을 보여주기 위해 열성을 다했다. 그리고 얼마 지나지 않아 노파 앞에 담요를 짤 수 있는 실타래를 가져다놓았다. 또다시 노파는 그녀를 칭찬했다.

노파는 소녀에게 또 다른 부탁을 했다.

"내가 숲속 난장이들을 초대해서 차와 타르트를 대접하기로 했는데, 빵 반죽이 없구나. 만들어줄 수 있겠니?"

소녀는 지체 없이 팔을 걷어붙이고 뚝딱 빵 반죽을 만들었고 성 안은 금세 타르트의 달콤한 냄새로 채워졌다. 노파는 다시 한번 그녀가 한 일에 대해 경탄하며 칭찬했다.

그 이후로도 소녀는 노파가 부탁하는 모든 일을 잘 처리했고, 노파는 소녀를 자상하게 대했고 잘 돌봐주었다. 가끔 소녀가 실수하더라도 화내지 않았고 그녀가 잘해낼 수 있도록 차근히 가르쳐주었다. 만약 소녀가 노파의 기대대로 일을 못 해내면 노파는 어떻게 다르게 했어야 했는지 설명해주었다. 그리고 노파는 매일매일 소녀에게 최고의 음식과 우유를 주었다.

시간이 조금 지나자 소녀는 노파의 성을 더욱 안락하게 유지하는 방법을 알아차리기 시작했다. 노파의 지시가 없어도 소녀는 카펫을 쓸고 닦고, 차가운 겨울바람이 새어 들어오지 못하도록 커튼을 꿰매고 과수원에서 늦과일을 따서 보관하고, 기념일 위해 거위를 기르고, 봄에 심을 채소를 경작할 땅을 준비하기도 했다. 소녀가 스스로 약속한 과업을 달성하면 언제나 노파는 감사하고 칭찬하고 용기를 주었다. 노파가 감사하고 칭찬할 때면 소녀는 언제나 자신이 할 수 있는 최선을 다하자고 다짐했다.

소녀는 숲속 성에서 매우 행복했다. 하지만 생각보다 오랜 시간 노파와 머물렀고, 이내 걱정이 되기 시작했다. 계모가 지시한 야생 버섯을 채취하지도 못했고, 계모와 언니가 그녀가 길을 잃고 잘못되어 곰이나 늑대에게 갈기갈기 찢겼을까 봐 걱정하지나 않을지 우려스러웠다. 아마 그들은 매우 화가 나 있거나 걱정하고 있으리라 생각했다. 비록 지금이 계모와 언니와 함께 있는 것보다 몇 천 배

행복하지만, 이제 그만 집으로 돌아가야겠다고 생각했다.

이런 마음을 노파에게 전하자, 노파는 놀라지 않고 대답했다.

"이제까지 나를 도와줘서 무척 고맙구나. 정말 잘했고 무척이나 믿음직했다. 언제나 최선을 다하는 모습으로 나를 위해 한 모든 일이 나를 행복하게 해주었어. 너는 무척이나 아름다운 마음씨를 가졌구나. 너 자신도 어려운 처지에 있으면서 네가 도와주었던 뱀과 거북이를 기억하고 있는지 모르겠구나? 빨간 새가 그 이야기를 노래로 불러주어 나도 그 사실을 알고 있었단다." 노파는 잠시 쉬었다가 말을 이었다.

"나와 그들을 위해 했던 모든 선한 일에 대한 보상으로 마술 망토와 마술 활을 주마. 네가 원하는 것이 있다면 그것이 무엇이든 이 망토의 주머니 안에 있을 거야. 또한 네가 목표하는 것이 있다면 이 활은 언제나 명중을 시킬 거야."

노파는 그녀의 손을 잡고 두 나무의 몸통 사이에 있는 성의 입구로 데려다주었다. 소녀의 등 뒤로 문이 닫히자마자 계모의 집 근처 숲 가장자리가 나왔다.

망토의 왼쪽 주머니에는 신선한 야생 버섯이, 그리고 오른쪽 주머니에는 황금이 그득했다. 똑같은 일이 반복되었다. 소녀는 자신이 사악한 계모의 학대로부터 자유로워지고 부자가 될 수 있도록 노파가 돕고 있다는 것을 알았다. 그 많은 고통의 나날을 보낸 부엌으로 가서 소녀는 식탁에 버섯을 놓아두고 슬그머니 그곳을 빠져나왔다.

그녀는 자신이 얻은 행운을 지혜롭게 사용했다. 그녀는 마법이 준 부로 많은 사람을 도와 아주 멀리까지 명성을 떨쳤다. 그 나라 왕까지도 그녀의 친절함과 근면함, 그리고 너그러움에 대해 듣게 되었고, 물론 계모와 언니도 그 사실을 알게 되었다. 계모는 부득부득 이를 갈았다.

"이 사람 저 사람 잘도 도우면서 우리한테는 왜 아무것도 안 해주는 거야? 밥도 주고 재워도 줬는데, 고작 버섯만 남기고 가버리다니…… 이리로 오게 해서 이게 어떻게 된 일인지 죄다 우리한테 말하게 할 거야."

계모는 영리하게 소녀에게 다가갔다. 소녀에게 달콤한 메시지를 보내서 그녀가 돌아오자 따뜻하게 맞아들였다. 그러나 얼마 지나지 않아 버럭 소리를 지르며 다그쳤다.

"어떻게 그렇게 부자가 되었는지 똑바로 말해!"

계모는 의붓딸로부터 어떻게 숲속 성을 발견했고 노파를 위해 어떤 일을 했고 어떻게 마술 망토와 활을 받았는지, 그 모든 이야기를 들었다. 계모는 자신의 친딸도 망토와 활을 받을 수 있을 거라고 생각했다.

"저 천한 것도 하는데, 내 딸이라고 못할 게 뭐야? 어서 가서 노파와 함께 지내고 부자가 돼야 해. 저 계집애가 황금을 독차지한다면 그건 안 될 말이지! 그건 불공평한 거야!"

계모는 딸에게 숲으로 가서 노파를 만나라고 했다.

"오래 머물지는 마라. 잠시 있다가 집이 그리워 돌아가야 한다고 말하고, 마술 망토와 활을 받아와서 저 머저리 같은 계집처럼 우리도 부자가 되는 거야."

그러나 딸은 쉽게 설득되지 않았다.

"저는 가고 싶지 않아요. 내가 왜 마녀를 위해 일해야 하고, 젖을 짜기 위해 내 옷을 더럽혀야 해요? 숲속의 난장이를 위해 밀가루 반죽을 하고 파이를 만들고 싶지도 않아요."

그러나 그의 어머니는 끊임없이 잔소리를 하고 윽박질러서 결국에는 딸이 길을 떠나도록 만들었다.

필사적으로 반항하던 게으른 딸은 툴툴거리며 숲으로 들어갔다. 얼마 지나지 않아 바위 밑에 깔려 있는 작고 빨간 뱀을 만났는데, 그녀는 "징그러워! 이 징그러움 뱀! 꿈틀대다 죽어버려라!" 하며 괴로워 몸부림치는 뱀을 그냥 지나쳐버렸다. 잠시 후 뒤집혀 허우적거리는 작고 빨간 거북을 만났을 때 게으른 딸은 발을 버둥거리는 거북을 보고 까르르 웃었다. "잘해봐! 이 어리석은 놈아." 그러고는 못 본 척 가던 길을 재촉했다. 그러나 붉은 새의 노랫소리가 들리자, 동생이 한 말을 기억해내고는 성으로 들어가는 문 앞으로 따라갔다.

동생과 달리 게으른 딸은 흉물스러운 노파가 나타난다는 것을 이미 알고 있었다. 그래서 노파의 출현에도 전혀 두려운 기색을 보이지 않았다. 노파는 언니에게도 집안일을 부탁했고, 그녀는 동생이 했던 것처럼 목초지에서 소를 몰고 오고 우유를 짰다. 처음에는 그 보상으로 황금을 얻는다는 생각에 열심을 다했지만, 소들이 요란하게 울어대는 헛간에서 우유를 짜고 있자니 이내 짜증이 솟구쳤다.

"할머니! 가죽신과 실크 옷을 입은 저에게 이 일은 맞지 않아요. 그렇게 생각하지 않으세요? 제게 맞는 다른 일이 있지 않을까요?"

그러나 노파가 난장이들에게 줄 담요를 만들기 위해 물레를 돌려 실을 짜달라고 하자, 게으른 언니는 이번에도 억지로 물레를 돌리다가 이내 포기해버렸다.

"이 일도 제게 맞는 일이 아니에요. 실이 제 손을 화끈거리게 하네요. 손이 너무 아파요. 제가 할 수 있는 다른 일은 없을까요?"

그래서 노파는 게으른 딸에게 부엌으로 가서 타르트를 만들기 위한 밀가루 반죽을 하라고 했다.

"할머니, 먹는 것과 만드는 것은 너무도 다르군요. 이 일은 제게 어울리지 않는 것 같아요."

시키는 일마다 똑같은 반응이 계속되자 노파는 그 게으른 딸 때문에 짜증이 났다. 그리고 이내 그 게으른 딸은 떠나겠다고 했다.

돌아가겠다는 게으른 딸에게 노파는 그러라고 했고, 이제 곧 자신도 동생처럼 부자가 될 거라는 생각에 언니는 웃음을 참을 수 없었다.

"이제 곧 그 마술 망토를 갖게 될 거고 주머니에는 황금이 그득할 거야."

노파는 게으른 딸을 숨겨진 문 앞으로 데리고 갔다. 그리고 그녀가 기대해마지않던 망토와 활을 건네며 "네가 한 일에 대한 보답이다. 네가 원하는 것을 줄 거야."라고 말했다. 게으른 딸은 문을 나서자마자 집으로 돌아와 있는 자신을 발견하고 기뻐했다. 그녀는 간절한 마음으로 망토 주머니에 손을 찔러 넣었다. 그러나 왼쪽 주머니에서는 먼지만 잡혔고 오른쪽 주머니에는 모래만 그득했다. 몇 번이고 반복해봤지만 똑같이 먼지와 모래뿐이었다. 게으른 딸은 분노와 비통함에 소리를 질렀다.

게으른 딸이 노파의 성에 가 있는 동안, 용 한 마리가 왕국에 들어와 활개를 치며 백성들이 기르는 양과 가축을 잡아먹고 아이들을 용의 은신처로 잡아가는 사건이 벌어졌다.

백성들은 왕에게 아이들을 구해달라고 애원했으나 왕의 신하 중 그 누구도 뾰족한 방법을 말하지 못했다. 무수한 용감한 기사들이 용을 죽이려고 시도했지만 실패하거나 잡아먹혔다. 왕은 누구든 용을 죽이는 자는 그가 원하는 것이 무엇이든 전부 주겠다고 방을 붙였다.

계모는 자기의 사랑스러운 딸이 가지고 온 마술 망토가 그들에게 부를 주지 못하자 격노했다. 그러나 계모는 그녀의 딸이 여전히 마법의 활을 가지고 있으니 부와 명성을 얻을 수 있는 또 하나의 기회는 남아 있다고 생각했다. 계모는 자신이 딸에게 화살 통을 가지고 용의 다음 습격 장소로 가서 기다리라고 종용했다.

"이 마법의 활은 항상 과녁을 명중시킨다고 하니, 용을 죽이면 이 땅에서 최고의 부자가 될 수 있을 거야!"

예상한 대로 용은 또 다른 먹을거리를 잡으러 거처를 나와 움직였다. 게으른 딸은 화살 통에서 화살을 꺼내 용을 향해 시위를 당겼다. 그러나 낭패스럽게도 활은 한 바퀴를 빙 돌아 그녀의 발 앞 잔디밭에 맥없이 툭 떨어졌다. 절박한 마음으로 반복해서 활을 쐈지만 그때마다 활은 어김없이 돌아와 그녀의 발치에 떨어졌다. 누군가 자신을 해하려는 것에 화가 난 용은 그 게으른 딸을 다음 먹잇감으로 삼고자 날카로운 손톱으로 낚아채 은신처로 가버렸다.

화가 극에 달한 계모는 의붓딸에게 달려가 소리쳤다.

"용이 네 언니를 잡아갔다! 노파가 준 활로 네 언니를 구해다오."

소녀는 지체 없이 말을 달려 용의 은신처에 도착했다. 입구 앞에는 용에게 희생당한 사람들의 뼈와 갑옷이 어지럽게 널려 있었고, 그 한가운데 용이 누워 깊이 잠들어 있었다. 소녀는 자신이 가진 용기를 모두 끌어모아 코고는 용 옆을 지나 동굴 속으로 들어갔다. 동굴 속 깊이 들어가니 그녀의 언니가 묶여서 울부짖고 있었다.

그러자 잠든 척하던 용이 침입자를 알아채고 으르렁거리며 날아와 소녀를 덮치려 했다. 그녀는 화살을 꺼내 용을 조준했다. 화살은 공중을 가르고 용의 가슴을 맞추었고 화살을 맞은 용은 바닥에 꼬꾸라지더니 그대로 죽어버렸다. 그녀는 우리로 달려가 언니를 구하고, 죽은 용의 꼬리를 증거로 자른 다음 말에 올라 왕국으로 돌아왔다.

용의 꼬리를 본 온 백성은 환호했다. 용이 죽었다는 사실을 알고는 더없이 기뻐했다. 그녀는 왕 앞으로 나서며 소원을 말했다.

"마마, 저는 당신의 부인이 되고 싶습니다."

왕과 그녀는 성대한 결혼식을 치르고, 그 뒤로 오래도록 함께 행복하게 살았다. **"**

동기부여의
수수께끼

사람들에게서 최악의 모습을 끌어내는 재주를 가진 도로시라는 여성이 있다. 도로시는 그녀가 만들어내는 부정적인 에너지와 다른 사람의 열정을 방전시키는 재주 때문에 회사에서 '스트레스 측정기stressometer'라고 불렸다. 그 재주는 사무실 문을 열고 들어올 때부터 발휘된다. 그녀는 가능한 한 빠르게 사람들을 스쳐 지나가면서 다른 사람들의 인사를 무시하고 그 어느 누구와도 눈을 마주치지 않았다.

도로시에게는 사람 다루는 기술이 너무나도 부족했다. 어떻게 관리자가 되었는지 궁금할 지경이다. 그녀는 사무실 문을 닫아걸고 하루 종일 전화 통화에만 매달리는 것처럼 보였다. 그녀 앞으로 온 메모나 이메일조차 잘 보지 않았다. 그녀는 사람들과 교류하지 않았고, 부하직원의 멘토 역할도 하려 들지 않았다. 그녀가 직장에 뭔가 공헌하는 것이 있다면 그것은 오로지 부정적인 조직 분위기를 만드는 것뿐이었다.

도로시는 다른 사람이 올바른 결정을 내릴 수 없게 정보를 붙잡고 있는 (그것이 의식적이든 무의식적이든) 무능한 의사소통자였다. 그렇다고 그녀 혼자 의사결정을 할 능력도 없었다. 만약 누군가 용기를 내서 그녀가 해결해야 할 일련의 복잡한 문제를 명료하게 정리해달라고 요청하면, 그녀는 되려 이해하기 어려운 또 다른 질문을 던지고는 왜 본인이 이렇게 반복해서 똑같은 이야기를 해야 하냐며 한숨을 쉬고, 눈동자를 이상하게 굴리고, 사람들이 마치 그녀의 시간을 잡아먹으려 귀찮게 한다는 느낌이 들게 했다. 이렇게 무엇인가를 명료하게 전달하지 않는 그녀의 특성은 기준을 마련할 만한 능력조차 없다는 점과 맞물려 상황을 더욱 악화시켰다. 그녀는 모든 일에 우선순위를 제시했지만, 그녀와 함께 일하는 사람들은 결과적으로 그 어떤 우선순위도 없다는 결론을 내리게 되었다.

또한 도로시는 정서적 지지가 필요할 때 찾아갈 만한 사람이 아니었다. 그녀는 감수성, 관심, 그리고 다른 사람과의 교류에 필요한 경청하는 태도 등이 부족했다. 더욱이 그녀는 일을 잘 수행한 사람에게 칭찬하는 법이 없었다. 그녀가 만족했는지 어쨌는지 짐작만 할 수 있을 뿐이었다. 그녀는 함께 일하는 사람 그 누구도 자신의 일이 가치 있다고 느끼지 못하게 만들었다.

도로시의 동료들은 그녀 내면에 치명적인 문제가 있고, 개인적으로는 고통스러운 삶을 살아갈 것이라고 짐작했다. 왜냐하면 너무나 까칠해서 도통 원만한 인간관계를 맺을 수가 없기 때문이다. 그녀에게는 좋은 친구도 로맨틱한 관계도 없을 것이라고 생각했다.

결론적으로, 그녀의 동료들은 그녀 스스로 변화하기는 불가능하다고 생각했고, 마지막으로 그녀를 돕는 노력을 하기로 결정했다. 어쨌든 그들은 회사를 성공적으로 만들고 싶었고, 그녀 때문에 희생자가 되기를 원치 않았다. 그들에게는 그녀의 부족한 리더십을 보완하는 것 이외에는 선택의 여지가 없었다. 그들은 도로시 스타일의 업무 사례를 찾아내어 개선 방안을 도출해냈고, 이를 통해 그녀가 변화의 기회를 맞이하길 희망했다.

그들은 도로시를 위해 상황을 간편하게 만들기로 결정했다. 의사결정이 필요할 때 그들은 그녀에게 단순한 선택사항을 제시했다. 이미 추려진 안건 중에서 고를 뿐이지만 도로시가 스스로 선택했다는 착각을 하도록 만들기 위해서였다. 이로써 그들은 업무를 더욱 수월하게 수행할 수 있었다. 이러한 전략은 다행히도 도로시에게 어떻게 하면 효과적으로 관리를 할 수 있는지를 깨우쳐주었다. 놀랍게도 그들의 전략은 기대했던 성과를 거두었다. 그녀에게서 날선 태도가 사라지자 불안함도 경감됐고, 사람들과도 훨씬 잘 지내기 시작했다. 시간이 지날수록 그녀는 더 친절한 사람이 되어갔다.

일, 그리고 조직에서 최선을 다하도록 동기를 부여하는 것은 리더의 가장 중요한 과업 중 하나다. 일반적으로 동기를 부여하는 힘에는 두 가지 유형이 있다. 하나는 내면적(내재적) 유형이고, 다른 하나는 외면적(외재적) 유형이다. 내재적 동기 요인은 좋아하는 일을 하면서 갖는 만족감을 말한다. 또는 무엇인가를 탐구하고 배우고, 자기실현을 할 때 느끼는 만족감을 뜻한다. 외재적인 동기 요인은 돈, 지위, 명성 같은 것을 말한다. 두 가지 유형의 가장 주된 차이점은 외면적 동기 요인은 외부에서 오고, 내면적 동기 요인은 사람의 내면에서 나온다는 것이다.

대부분의 리더들은 주로 외재적 동기 요인, 즉 금전적 부분만 잘 다루면 쉽게 동기부여를 할 수 있다고 생각한다. 조직 내부에서는 조직의 성과와 개인의 경제적 이득이 서로 일치하도록 전략을 짜는 데 많은 노력을 쏟아 붓는다. 어린이 보육시설이나 스포츠 시설, 건강관리 등의 복리후생도 매우 강력한 동기유발 효과를 발휘한다. 그러나 이러한 동기 요인은 이와 같은 혜택을 받지 못하는 사람을 소외시키고 무력감을 느끼게 하는 부정적인 측면을 가지고 있다.

이 동화는 사람에게서 최선을 이끌어내는 동기부여에 관한 이야기다. 두 자매 중 한 명은 노파가 요구하는 과업을 훌륭하게 수행했지만 또 다른 한 명은 그러지 못했다. 첫 번째 사례에서 노파는 단계별로 접근하여 의붓딸이 최선을 다할 수 있도록 했으나, 두 번째 사례에서 노파의 동기부여 노력은 모두 물거품이 되고 만다.

외재적 동기 요인은 내재적 동기 요인에 비해 제한적인 영향력을 지닌다. 예를 들어 흥미로운 일, 심리적 사기 진작, 또는 새로운 것을 배울 기회는 단순한 장려금보다 훨씬 강력한 힘을 발휘한다. 리더들은 당근과 채찍의 동기부여 방식은 그 영향력이 제한적이라는 것을 알아야만 한다. 사실 부지런한 딸은 그녀가 노파를 위해 하는 일에 어떤 보상이 뒤따를지 전혀 몰랐다. 반면 게으른 언니는 마법의 망토를 보상으로 받을 줄 알고 있었지만 이를 이루지 못했다. 그녀에 대한 어머니의 양육 방식은 훈련된 무능력만을 키워놓았다.

사람들에게서 최선을 이끌어낸다는 것은 영감을 불어넣는 방식을 알고, 그들이 상자 밖의 것을 꿈꾸도록 유도한다는 뜻이다. 그렇게 하려면 그들의 높은 가치를 매혹시킬 만한 '의미'를 만들어내야 한다. 사람들로부터 최상의 결과를 얻기 위해 리더는 그들에게 커다란 그림을 상기시켜줄 필요가 있다. 우리 모두는 조각조각의 퍼즐이 아니라 그것이 맞춰진 전체상을 추구한다. 생텍쥐페리Antoine de Saint-Exupéry는 "당신이 배를 만들고 싶다면, 사람들에게 목재를 가져오게 하고 일을 지시하고 일감을 나눠주는 일을 하지 마라. 대신 그들에게 저 넓고 끝없는 바다에 대한 동경심을 키워줘라."라고 말했다.

사람들로 하여금 큰 그림을 믿고 따르게 하려면, 리더는 조직원들에게 지금 조직이 어떻게 돌아가고 있는지 정기적으로 업데이트를 해주어야 한다. 이러한 투명성은 사람들에게서 최선을 이끌어내는 데 가장 중요한 요소다. 사악한 계모가 '당근과 채찍'의 동기부여 방식에서 벗어나지 못한 반면, 노파는 겸손한 태도로 두 딸에게 할 일을 정확하게 제시했고, 일을 해내면 아낌없이 칭찬했다. 그럼에도 게으른 딸은 당근과 채찍에 너무나 길들여져서 그 방법 이외에는 반응을 할 수가 없었다. 노파로서는 그녀에게서 최선을 이끌어낼 방도가 없었다.

리더는 사람들이 그들 자신을 뛰어넘을 수 있도록 영감을 줘야 한다. 그리고 그들이 할 수 있다고 믿는 것보다 더 잘해낼 수 있도록 유도해야 한다. 사악한 계모와 달리 노파는 어떻게 하면 의붓딸에게서 최선을 이끌어낼 수 있는지 알고 있었다. 노파는 의붓딸이 할 수 있는 최선을 다하도록 동기를 부여했고, 소녀는 비록 어려운 도전이라 할지라도 주어진 기회에 감사하고 실제로 그녀가 할 수 있는 것보다 더 잘할 방법을 찾아내 실행했다.

소녀는 계모와는 완전히 다른 리더십 유형을 경험했다. 그녀는 계모에게 단 한 번도 칭찬을 받지 못했고, 잘하는 것 하나 없는 못난이처럼 스스로를 느꼈다. 게다가 어떻게 하면 더 잘할 수 있는지 가르침을 받아본 적 없으며, 그녀의 사기는 언제나 바닥을 쳤다. 도로시의 행동도 동료들에게 비슷한 효과를 냈다. 사람들을 일부러 위기에 몰아넣은 것은 아니지만, 그녀의 태도는 동료들의 상상력과 주도성 등을 바닥에 떨어뜨렸고 사기와 성과에 지장을 주었다.

리더는 자신을 위해 일하는 사람들을 인정하고, 감사를 표현하고,

성장과 발전의 기회를 제공해야 한다. 물론 이는 그들 스스로에게 발전 가능한 기본 바탕이 깔려 있을 때 더욱더 큰 힘을 발휘한다. 게으른 딸은 훌륭한 코치인 노파의 노력에도 꿈쩍하지 않았다. 부지런한 의붓딸은 일의 가치를 알았고, 일 그 자체를 즐겼기 때문에 성과를 내기까지 많은 격려를 필요로 하지는 않았다.

성장을 위한
여행

리더는 그들의 부하를 시험하고, 그들에게 도전의 기회를 준다. 예를 들어 동화에서, 숲은 상징적인 평가의 장이다. 후보자 중 한 명은 성취했고, 다른 후보자는 실패했다. 숲은 우리가 부딪히는 알지 못하는 도전을 상징한다. 동화의 세계에는 곰, 늑대, 도깨비, 요정, 마녀, 난쟁이 등 언제고 여행자를 기다리는 마법적 존재들이 있다. 우리의 개인적 삶과 사회적 현실에서 도전은 이와 매우 다른 양상으로 펼쳐지지만, 동화 속에서 두 소녀가 경험한 것처럼 우리에게도 자신을 잃기도 하고 발견하기도 하는 미지의 장소가 있다. 숲속으로의 여행은 삶이나 운명을 변화시키는 힘을 가지고 있다.

동화는 또한 숲에서 마주친 신비한 존재들에게 올바르게 대응하면 소중한 것을 얻을 수 있다는 교훈을 전해준다. 성장을 위한 여행에 나선 리더에게는 자양분과 지원이 필요한데, 이러한 우발적 사건에 어떻게 대응하느냐에 따라 마법적 존재(멘토나 코치)를 얻을 수도 있고, 그렇지 않을 수도 있다. 동화에서 노파는 의붓딸에게 탁월한 리더십 코치지만, 좋은 것을 좋은 것으로 알아볼 능력이 없는 언니에게는 음흉하고 변덕스러운 존재일 뿐이었다.

소설가 마크 트웨인은 "당신의 꿈을 하찮은 것으로 만들려는 사람들을 가까이하지 말라. 소인배들은 언제나 그렇게 한다. 그러나 진정으로 위대한 사람들은 당신 역시 위대해질 수 있음을 느끼게 한다."라고 말했다. 리더가 높은 성취를 기대하면 사람들은 더 높이 달성한다. 비록 이 기대를 항상 공식적인 자리에서 공개적으로 말하지는 않는다 해도, 그들은 말과 행동뿐 아니라 눈짓과 몸짓을 통해 암묵적으로 서로 소통한다. 공개적으로 소통하든 안 하든, 높은 성과에 대한 '기대감'은 조직의 성공에 있어 결정적이다.

리더는 부하가 좋은 기회로 이어질 수 있는 일을 기피할 때는 그들에게 지시를 내리고 통제하려 한다. 리더십을 제대로 발휘하는 데 있어 가장 어려운 점 중 하나는 해야 할 일을 긍정적이고 건설적인 방법으로 재구성해야 한다는 것이다. 그리고 최선의 결과를 도출할 방법으로 일하도록 동기부여를 해야 한다. 성과로 이어질 수 있는 일을 단지 조금 어렵다거나 복잡하거나 난관이 많다고 해서 기피하지 않도록, 리더는 사람들을 북돋아 더 높은 곳으로 인도할 줄 알아야 한다. 사람들은 통제당하면 저항한다. 그렇기 때문에 '당근과 채찍' 방법의 가치는 제한적일 수밖에 없다.

사소한 것까지 통제와 지시를 받으면, 그들은 어떻게 하면 자신의 일을 잘할 수 있을까를 모색하지 않게 되고 결국 그 일에 있어 자신의 최선을 다하지 않는다. 사람들에게 자율성을 부여하는 것이 직원 스스로 납득할 수 없는 목표를 억지로 달성할 수밖에 없는 시스템을 만드는 것보다 훨씬 효과적이다. 마이크로매니지먼트 micromanagement, 세부사항까지 통제하고 관리하는 경영 스타일 - 옮긴이는 사람들의 분노를 일으키는 가장 빠른 길이며, 이는 부하직원을 믿지 않는다는 것 이상을 전달한다.

사람들은 자신의 일에 목소리를 내고자 한다. 사람들은 다른 사람이 감 놔라 배 놔라 지시하는 것을 싫어한다. 리더가 통제 욕구를 떨쳐버리고 사람들을 내버려둘 때, 그들은 자신의 의견을 개진할 수 있는 자유로움을 획득할 수 있다. 이는 조직의 업무 방식을 개선할 수 있는 새로운 아이디어를 내야겠다는 열의를 가진 조직문화를 만들어낸다. 사람들을 의사결정 과정에 참여시키면 그들에게서 차세대 리더로서의 잠재력을 발견할 수도 있다. 이러한 조직문화가 형성되면 리더는 권한위임을 통해 리더로서의 가치를 창출하는 데 더욱 집중할 수 있다.

피그말리온 효과

기대와 실적 사이에는 높은 상관관계가 있다. 최고의 성과를 낼 것이라고 믿으면 그들에게서 최고를 얻어낼 수 있다. 이러한 현상을 피그말리온 효과Pygmalion effect라고 한다. 그러나 여기에는 양면성이 있다. 만약 리더가 낮은 기대를 하면, 의도치 않았겠지만 그들은 안 좋은 결과를 만들어낸다. 이러한 현상을 '골렘 효과Golem effect'라고 한다. 골렘 효과란 피그말리온 효과와 반대로 낮은 관심과 부정적 기대가 실제로 낮은 성과와 부정적 결과로 이어지는 것을 말한다.

이 두 가지 현상 모두에서 자기 충족 예언self-fulfillment prophecy의 속성을 찾을 수 있다. 자신의 가치를 낮게 보거나 자기 능력이나 특성에 대해 부정적으로 생각하는 사람들은 실제로 그들이 가진 진정한 잠재력을 발휘하지 못한다. 그리고 이미 설정해버린 한계에 스스로를 가둬버린다. 반면 긍정적인 자기상을 가지고 있는 사람들은 자신이 새로운 목표를 이룰 수 있다고 믿고, 결국 그렇게 될 가능성이 매우 높다.

윈스턴 처칠Winston Churchill은 "실패는 치명적이지 않다."고 말했다. 리더는 이와 같은 조직문화를 만들어야 한다. 우리 모두는 실수하고 실패하며 배운다. 오히려 실패하지 않았다는 것은 시도하지 않았다는 뜻이다. 뭔가 특별한 일을 하면 누구나 그 과정에서 실패를 겪는다. 리더는 사람들에게 당연히 실수할 수 있고, 실수를 지속적으로 반복하지 않는 한 용서된다고 강조해야 한다. 만약 실수가 계속된다면 뭔가 급히 정리하고 해결해야 하는 상황이 조직 내에 있다는 뜻이다.

용서는 매우 강력하다. 진정으로 변혁적인 리더는 앙심을 품는 것이 얼마나 큰 대가를 불러오는지 알고 있다. 그리고 용서하지 않는 태도가 사람들을 더 이상 앞으로 나아가지 못하게 한다는 것도 알고 있다. 용서하지 못하는 사람은 그들을 악순환에 가둬버리며 주변 사람들도 그런 소용돌이에 휘말려 갇히게 만든다. 화와 분노는 우리를 속 좁고, 융통성 없는 사람으로 만들고, 자신이 만든 마음속 감옥에 스스로를 가두어버린다. 용서는 우리를 자유롭게 하고 마음속 감옥에서 해방시켜준다. 용서할 수 있다면, 앞으로 나아갈 수 있다.

리더십의 황금률은 당신이 당신을 대접하듯 타인을 대접하는 것이다. 이 법칙은 수세기에 걸쳐 설득력을 갖고 전해내려왔다. 이 권고를 현대적으로 바꾸어 말하면 아마도 '언행일치' 정도가 아닐까 한다. 리더들은 스스로가 그 말의 모범이 되어야 한다. 자신조차 스스로가 말한 대로 실행하지 않으면 사람들에게 혼란만 초래할 뿐이다. 반면, 리더 스스로가 모범이 되어 리더십을 발휘하면 사람들에게 열정을 불러일으키고 더욱 열심히 일하도록 독려할 수 있다. 리더는 롤모델이 되어야 한다. 이는 쉽게 간과되는 부분이지만, 사실 조직원을 참여시키는 핵심요소다.

나아가서 부하직원이 일을 잘 수행하면, 반드시 그들의 성과를 알아주고 칭찬해야 한다. 사람들은 칭찬을 좋아한다. 인색한 감성은 현명한 인재관리 전략이 아니다. 사람들은 그들이 잘하고 있는지 그리고 자신이 가치 있는 사람인지 알고 싶어하고 인정받고 싶어한다(물론 이는 그들이 잘하고 있을 때 그렇다는 말이다. 거짓 칭찬을 해서는 안 된다). 잘하는 사람에게 건네는 격려는 기대 이상의 결과를 만들어낸다. 칭찬과 격려는 돈도 안 들이면서 최고의 효과를 낸다. 과거 성과의 인정은 앞으로의 일에 커다란 동기를 부여한다. 그리고 사람들은 어떤 형태로든 긍정적 인식을 고마워하기 마련이다.

부하직원의 경력개발에 순수한 관심을 갖는 것 역시, 동기부여에 있어 중요한 역할을 한다. 사람들은 자신이 발전하고 있다는 느낌을 좋아한다. 우리는 새로운 기술을 배우고, 미래의 성취에 도움이 될 경험을 축적하기를 바란다. 이러한 기회는 탐구하고 스스로 동기부여하게 만든다. 그들이 전문성을 개발하도록 지원하는 것은 중요한 동기부여 요소다. 사람들은 성장하지 않고 정체되어 있다고 느낄 때 조직을 떠나는 경향이 있다. 직원의 퇴직에는 매우 큰 비용이 든다.

또한 리더는 부하직원이 일과 삶에서 균형을 이룰 수 있도록 관심을 가져야 한다. 그리고 가족에게도 충실할 수 있도록 배려해줘야 한다. 조직원들은 직장 밖에서 일어나는 근심거리에도 민감하게 반응해주는 상사에게 고마운 마음을 갖는다.

리더십
코칭

부하직원을 코칭한다는 것은 언제나 쉽지 않은 일이다. 동화 속 게으른 딸 같은 사람은 정말 어려운 코칭 대상이다. 어느 조직에나 문제 있는 사람이 있다. 아무리 가이드를 주고 지원하고 새로운 방식을 가르쳐도, 오래되고 효과도 없는 자신의 행동방식을 고수하는 사람들이 있다. 사실, 행동을 바꾸는 것은 모두에게 어려운 일이다. 새로운 방식에 익숙해질 때까지 계속해서 반복적으로 시도해야 하며, 잘되지 않을 때에는 격려와 지원을 받아야 한다.

리더십 코칭은 임원진이 자신의 업무에 더 잘 적응할 수 있게 돕는 강력한 방법이다. 코칭은 무엇을 어떻게 할지, 문제에 대한 답을 제시하지 않는다. 그들 자신이 무엇을 할 수 있는지 스스로 알아낼 수 있도록 적절한 질문을 던지는 것이 코칭이다. 질문은 사람을 생각하게 하고 변화시킨다.

대부분의 사람이 겪는 삶의 비극은 자신이 스스로가 상상하는 것보다 훨씬 괜찮은 사람인 줄 모르고, 그들이 할 수 있는 것보다 한참 떨어지는 수준에 머문다는 것이다. 좋은 코치는 그들 자신이 생각하는 것보다 더 큰 재주와 능력을 알아보고, 그들이 그것을 인식하여 세상에 발휘할 수 있도록 돕는다.

코칭에는 시간이 필요하다. 그러나 제대로 작동하면 사람들은 자신이 직면한 문제를 풀기 위해 더 많은 시간을 할애할 것이다. 코치의 목표는 사람들이 자신의 숨겨진 재능을 볼 수 있도록 돕는 것이다. 괴테 Johann Wolfgang von Goethe 는 말했다. "현재 보이는 모습만을 보고 대하면 그는 지금의 상태로 머물러 버린다. 그러나 숨겨진 잠재력을 다 발휘한 사람처럼 대하면 종래에는 그렇게 만들 수 있다."

나는 얼마나 동기부여를 잘하는가

아래는 당신이 얼마나 효과적으로 부하의 능력을 이끌어낼 수 있는 지를 측정하는 질문이다.

_1_ 나는 부하직원의 복지에 관해 매우 많이 고심한다. ☐

_2_ 나는 언제나 다른 사람의 업무를 칭찬할 준비가 되어 있다. ☐

_3_ 나는 부하직원 스스로는 보지 못하는 잠재력도 알아챌 수 있다. ☐

_3_ 나는 사람들이 최선을 다하지 않는다고 여겨질 때, 능숙하게 그들에게 도전
과제를 제시한다. ☐

_5_ 나는 언제나 사람들에게서 최선을 이끌어내려고 노력한다. ☐

_6_ 나는 나보다 유능한 누군가와 함께 일하는 데 익숙하다. ☐

_7_ 나는 사람들이 스스로의 생각이나 공헌을 가치 있다고 느끼게 하기 위해
노력한다. ☐

8 나는 다른 사람들에게 어렵지만 건설적인 피드백을 주려 한다. ☐

9 나는 다른 사람의 성공에 도움을 주는 것을 좋아한다. ☐

10 나는 사람들이 변화하는 과정을 인내하고 끈기 있게 기다려줄 수 있다. ☐

11 나는 다른 사람의 행동에 영향을 미치는 것을 좋아한다. ☐

12 다른 사람이 흥분했을 때 나는 그 이유를 이해하기 위해 노력한다. ☐

13 나는 높은 목표를 달성하기 위한 과업 수행을 즐긴다. ☐

14 누군가를 돕는 것은 나를 힘나게 한다. ☐

15 나는 사람들에게 일을 배정할 때 항상 그 사람의 능력과 흥미를 고려한다. ☐

오늘날의 리더는 사람들의 협력을 이끌어내야만 한다. 협력은 동기를 부여하고 영감을 불러일으킬 때 이루어진다. 위 테스트에서 체크한 항목이 많을수록 그런 능력을 더 많이 가지고 있다고 볼 수 있다. 만약 표시 항목이 적다면 리더십 기술과 최선을 다하는 방법을 익힐 필요가 있다. 기술을 향상시키고 당신에게서 최선을 이끌어낼 코치를 찾는다면 더 잘해낼 수 있을 것이다.

4

성공하는
팀은
무엇이 다른가

사형제 이야기

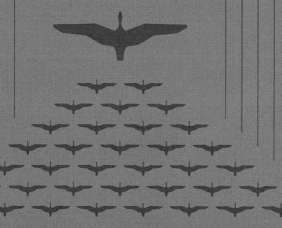

혼자서 할 수 있는 일은 적지만,
같이 하면 많은 것을 이룰 수 있다.
_헬렌 켈러Helen Keller

게임에서 이기려면 재능이 있어야 하지만,
챔피언이 되려면 팀워크와 지성이 필요하다.
_마이클 조던Michael Jordan

불을 지피는 데는 두 개의 부싯돌이 필요하다.
_루이자 메이 알코트Louisa May Alcott, 《작은 아씨들》 저자

옛날에 가난한 농부와 그의 부인이 살고 있었다. 그들은 잡
　　풀과 돌이 많은 척박한 땅을 일구어 근근이 먹고살았다. 날
씨는 변덕스러워서 여러 달 계속해서 비가 오지 않았고, 그러다 한
번 비가 내리기 시작하면 수 주일 동안 그치지 않았다. 농부와 그의
부인은 있는 힘을 다해 밭을 갈았지만 굶주림을 면할 수 없었고 자
식들도 충분히 먹일 수 없었다.

　그들에게는 네 명의 아들이 있었다. 모두 자라서 영리하고 늠름
했는데 네 형제는 제각기 재주와 성격이 달랐다. 맏형은 과묵하고
학구파였는데 새, 동물, 곤충을 관찰하거나 꽃, 나무, 농작물이 어
떻게 성장하는지 배우기를 좋아했다. 그는 종종 다른 사람들이 미
처 보지 못한 것들을 언급하기도 했다. 둘째 아들은 손재주가 있었
다. 그는 연장이나 가구 만들기를 좋아했고, 무엇이든 고장 나면 뚝
딱 고쳐놓았다. 셋째는 매우 쾌활하고 강인했다. 그는 종종 형제들

을 모아 농작물을 더 많이 수확할 수 있는 방법에 대해 의논하곤 했다. 막내는 날카로운 눈을 가졌고 생각이 민첩했다. 그는 사냥을 잘해서 배고픈 식구들의 영양 보충을 위해 짐승을 잡아오곤 했다.

네 형제가 모두 장성하자, 아버지는 그들을 불러 모아놓고 말했다. "아들들아, 너희들은 이제 우리를 떠날 때가 됐다. 너희들도 알다시피 농사를 지어 살아간다는 것은 쉽지가 않다. 토양은 점점 척박해져서 매년 수확은 줄어들고 젖소들은 더 이상 우유를 생산해내지 못하는구나. 네 어머니와 나는 더 이상 너희들을 먹여 살릴 여력이 없다. 너희들은 모두 여기를 떠나 너희들 각자의 길을 찾아라. 세상에 나가 너희에게 맞는 일을 해라."

네 형제는 아버지의 말씀에 슬펐으나 그 말씀이 옳다는 것을 알고 있었다. 그래서 모두 간단한 짐을 챙겨 부모님께 작별을 고했다. 그리고 드넓은 세상을 향해 각자의 길을 떠났다.

처음에는 형제 모두가 함께 여행을 했다. 그들은 산을 넘고 계곡을 건넜는데, 해도 들지 않는 깊은 숲속에서 네 개의 길이 교차하는 길목을 만났다. 형제는 네 방향으로 갈라진 길을 응시했다. 이내 맏형이 말했다.

"필시 여기가 우리가 헤어질 지점인 것 같다. 어떠한 운명이 우리

앞에 닥치더라도 용기를 잃지 말자. 4년 후에 이곳으로 돌아와서 우리가 무엇이 되었는지 보자꾸나.”

네 형제는 서로 깊은 포옹을 하고는 각자의 길로 떠났다. 길을 떠난 지 얼마 되지 않아 어느 낯선 사람이 첫째를 불러 세웠다. 그는 첫째에게 누구인지, 어디로 가는지를 물었다. 첫째가 대답했다.

“저는 사형제 중에 첫째입니다. 저는 세상에서 제가 제일 잘할 수 있는 것을 찾고 있습니다.”

그러자 그 낯선 자가 말했다.

“나를 따라오게. 나는 유리를 만드는 장인인데, 나에게 와서 배우면 이 세상에서 가장 작은 것부터 저 멀리 창공에 있는 것까지 볼 수 있는 렌즈를 만들게 될 거야. 그게 뭐든 이 세상에 있는 것을 자네는 다 볼 수 있게 될 거야.”

첫째 형은 그 말을 듣고, 유리 장인의 길이 자신에게 잘 맞을 것이라고 생각하고 장인을 따라가기로 마음먹었다.

둘째도 길을 가다가 낯선 자를 만났다. 그 낯선 자도 둘째에게 누구인지, 어디로 가는지를 물었다.

“저는 사형제 중에 둘째입니다. 저는 세상에서 제가 제일 잘할 수 있는 것을 찾아가고 있습니다.”

그러자 낯선 자가 대답했다.

“나를 따라오게. 내가 자네를 대장장이로 만들어주겠네. 일이 힘

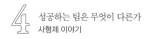

들겠지만, 내 수습공이 되어준다면 지구상의 모든 금속을 다룰 수 있는 기술을 얻게 될 거야. 그러면 만들고 싶은 것은 다 만들 수가 있지. 세상 사람들을 깜짝 놀라게 할 아름답고도 정교한 작품을 만들 수 있는 기술을 배우게 될 걸세."

둘째 아들은 그 말을 듣고 대장장이의 길이 자신에게 잘 맞을 것이라고 생각하고 장인을 따라가기로 마음먹었다.

셋째 아들도 낯선 자를 만났다. 거무스름하게 생겼으나 매우 유쾌해 보이는 그는 셋째의 가는 길을 막아서고 누구고 어디를 가고 있는지 물었다. 두 형이 말했던 것처럼 셋째도 똑같은 대답을 했다.

"저는 사형제 중에 셋째입니다. 저는 세상에서 제가 제일 잘할 수 있는 것을 찾아가고 있습니다."

그러자 그 낯선 자가 셋째에게 말했다.

"나처럼 굴뚝 청소부 되지 않겠니. 나는 보통 굴뚝 청소부가 아닐세. 나와 함께하면 누구보다도 높은 곳에 오를 수 있을 거야. 기어오르고 훌쩍 뛰어오르기도 하고 통통 튀기도 할 줄 알게 될 거야. 사람들은 모두 놀라워할 테고 다들 자네에게 배우고 싶어서 안달을 할 걸세."

셋째 아들은 그 말을 듣고, 굴뚝 청소부의 길이 자신에게 잘 맞을 것이라 생각하고 그를 따라가기로 결심했다.

154

막내아들도 깊은 숲속 볕이 드는 빈 공터에 서 있는 낯선 자와 마주쳤다. 그도 막내에게 같은 질문을 했고, 막내아들도 형들과 같은 대답을 했다.

"저는 사형제 중에 막내입니다. 저는 세상에서 제가 제일 잘할 수 있는 것을 찾아가고 있습니다."

그러자 낯선 자가 말했다.

"나를 따라오게. 사냥을 가르쳐주겠네. 그 어떤 사냥꾼도 배운 적이 없는 마법과 같은 사냥 기술을 배우게 될 걸세. 지금까지 잡을 수도 없었던 진귀한 새와 야생동물을 잔뜩 잡을 수 있을 거야."

막내아들은 그 말을 듣고, 사냥꾼의 길이 자신에게 잘 맞을 것이라 생각하고 그를 따라가기로 결심했다.

사형제는 4년간 수습공으로 수련을 받았고 이내 장인을 능가하는 기술을 습득할 수 있었다. 첫째가 떠날 때가 되자, 그를 가르친 스승은 이렇게 말했다.

"더 이상 가르칠 게 없구나. 이제 세상에 나가는 너를 위해 내가 선물을 하나 주겠다. 이 렌즈는 네가 어디를 가든, 모든 것을 다 볼 수 있는 렌즈다."

스승은 지금껏 한 번도 본 적이 없는 최고의 렌즈를 장착한 쌍안경을 주었다.

둘째 아들은 누구나 감탄할 만한 훌륭한 대장장이가 되었다. 그

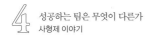

는 금속뿐 아니라 세상 모든 물건을 만들고 고칠 수 있게 되었다. 떠날 준비가 된 둘째를 보고 스승이 말했다.

"너는 내가 가르쳤던 어떤 수습공보다도 훌륭하구나. 세상에 나가는 너를 위해 너를 도와줄 선물 하나를 주겠다. 이 마법의 망치는 손대는 것은 무엇이든지 놀라운 것으로 만들어주지."

장인은 그에게 돌같이 단단하지만 공기처럼 가벼운 망치를 주었다.

4년 후 셋째 아들은 못 오르는 곳이 없는 경지에 이르렀다. 그는 산양처럼 빠르고 독수리처럼 대담하게 어디든 오를 수 있게 되었다.

"이제는 나보다 더 높고 빠르게 오르는구나! 떠날 때가 됐구나. 세상에 나아가는 너를 도울 선물 하나를 주겠다. 이 마법의 장화를 신으면 네가 원하는 그 어느 곳이든 올라갈 수 있다. 그 어느 누구도 너를 잡을 수도 멈출 수도 없을 것이다."

막내는 완벽한 사냥꾼이 되어 있었다. 그가 떠날 때가 되자 스승은 마법의 총을 주며 말했다.

"이 마법의 총으로는 네가 잡고자 하는 동물은 무엇이든 잡을 수 있다. 어떤 동물도 두려워할 필요가 없다. 조준만 하면, 명중하지. 네가 하려고 하는 것이 무엇이든지 이 총만 겨누면, 성취할 것이다."

약속이나 한 듯이, 네 형제는 헤어졌던 사거리에 같은 시간에 도착했다. 그들은 서로를 얼싸안고 재회를 기뻐하고는 함께 집으로 돌아갔다. 집으로 가자 부모는 사형제 모두가 아무 탈 없이 건강한 모습으로 돌아왔다며 무척 기뻐했다. 부모님은 형제에게 지난 4년 간 어떠한 일이 있었는지 물어보았다. 사형제는 그들이 만났던 낯선 자와 기술을 배우며 보낸 신기한 세월, 그리고 각자 스승으로부터 받은 선물에 관해 부모님께 말씀드렸다.

아버지는 놀라워하며 "그게 모두 사실이냐? 너희들이 할 수 있는 것을 내게 보여다오" 하면서 큰아들 쪽을 돌아보며 "저쪽 산 암초 위에 독수리 한 마리가 앉아 있을 게다. 보이느냐?"라고 물었다.

장남은 마법의 쌍안경을 꺼내서 독수리가 있는 쪽으로 향했다. 아버지는 흥분해서 "독수리가 알을 품고 있느냐?" 하고 물었다.

큰 아들은 쌍안경을 길게 늘여 더 자세히 살폈다.

"알이 세 개 있어요."

대답을 들은 아버지의 눈이 빛나기 시작했다.

"그 알은 마법의 힘을 갖고 있다고 들었다. 알을 흙 속에 묻으면, 그 땅은 영원히 비옥하다는구나. 그래서 여러 농부들이 저 알을 가지려고 온갖 시도를 했는데, 모두 실패했어. 절벽으로 가까이 다가가면 독수리가 눈을 파먹는다는구나."

"제게 맡겨주세요" 하며 막내아들이 마법의 총을 꺼내 독수리를 향해 발사하자 독수리가 절벽에서 곤두박질쳤다. 아버지는 신바람이 났다.

"그런데 저 알을 어떻게 가져오지? 저 절벽은 아무도 오를 수가 없었어!"

그러자 둘째 아들이 마법의 망치로 주위에 있는 이것저것으로 훌륭한 사다리 하나를 뚝딱 만들었다. 사다리를 보자 아버지는 손뼉을 치며 기뻐했다. 그러나 이내 한숨을 쉬며 말했다.

"그런데 누가 저 높은 사다리에 오른단 말인가? 올라간다고 해도 저 둥지까지 가는 건 불가능할 텐데."

그때 셋째 아들이 웃으며 "걱정 마세요" 하며 마법의 장화를 신더니 휘파람을 불며 사다리에 올라 가파른 절벽에 있는 독수리 둥지에서 알을 갖고 내려와 아버지에게 건넸다. 셋째 아들이 씩 웃자, 나머지 형제는 서로 얼싸안았고 아버지는 눈물을 흘리면서 기뻐했다.

"아들들아! 모두 훌륭하게 성장했구나. 너희 모두 각자 잘할 수 있는 일에서 최고가 되었구나. 그리고 너희는 협력하면 더 큰 일도 해낼 수 있다는 위대한 교훈도 배우게 되었구나. 이 알을 얻게 된 건 너희 모두의 덕이다. 누구 공이 제일 큰지 따지는 건 의미가 없다. 너희들 모두에게 똑같이 고맙구나."

그리고 아버지는 이렇게 덧붙였다.

"모두가 잘될 수 있는 곳에 너희들이 배운 것을 계속 잘 사용하면 좋겠구나."

농부는 그의 척박한 땅에 그 알을 묻었고, 그 이후로는 경작하는 모든 농산물이 잘되었다. 풍성한 수확을 그 이웃과 함께 나누어 아무도 굶주리는 사람이 없게 되었다.

형제들이 돌아온 지 얼마 지나지 않아 왕국에 큰 재앙이 발생했다. 포악한 멧돼지가 온 나라를 짓밟고 있었다. 농작물은 찢기고 논과 밭을 지키려고 나선 농부들은 죽어나갔다. 멧돼지의 길을 가로막는 모든 것은 야수의 날카롭고 큰 이빨에 무참히 찢겼다. 작살도 총탄도 그 무시무시한 야수에게는 소용없었다. 그 멧돼지는 초자연적인 힘을 갖고 있는 것 같았다. 멧돼지를 잡으려 접근했던 몇몇 사냥꾼이 말하기를 총과 화살을 겨누려 하면 눈 깜짝할 사이에 사라져버린다고 했다. 사람을 위협하려고 멧돼지의 탈을 쓴 사악한 마법사라는 둥 죽지 않는 악령이라는 둥 흉흉한 소문이 퍼져나갔다. 왕은 왕국에서 그 야수를 제거해줄 영웅을 간절히 원했고, 급기야 그게 누구든 영웅이 나타나기만 하면 자신의 하나뿐인 딸과 결혼을 하게 될 것이라고 했다.

이 같은 소식을 들은 셋째는 "우리가 힘을 합친다면 반드시 그 야수를 찾아서 없앨 수 있을 거예요. 정말이에요."라고 말했다. 사형제는 며칠간의 탐험 끝에 멧돼지가 숨어 있다는 숲 가장자리에 도착했다. 그런데 거기서는 멧돼지의 그림자도 볼 수 없었다. 사형제 모두 4년이라는 긴 기간 동안 인내가 몸에 뱄는데도, 기다리는 시간은 길게만 느껴졌고 멧돼지가 나타나지 않자 낙담하기 시작했다. 그러자 다시 셋째 아들이 나서서 "심려하지 마세요. 우리가 같이한다면 야수를 찾아 죽이고 왕이 내걸은 포상을 받을 거예요."라고 형제를 북돋았다.

셋째 아들의 말에 기운을 내서 첫째 아들은 마법의 쌍안경을 꺼내 들고 말했다. "내가 찾을 수 있는지 한 번 더 시도해보겠어." 주위를 살피던 첫째가 "저기 있다! 숲속으로 사라지는 것을 봤어."라며 그 방향을 형제들에게 가리켰다.

어둠이 깔리자, 사형제는 동이 틀 때까지 멧돼지를 기다릴 장소에 야영지를 준비했다.

"그 어떤 총알도 멧돼지를 죽일 수 없다고 했어. 내 망치로 마법의 총알을 만들겠어. 반드시 그놈을 넘어트릴 거야."

둘째는 이렇게 말하며 작업을 시작했다.

동이 터오자 셋째는 멧돼지의 은신처를 볼 수 있는 높은 나무 위로 올라갔다. 그러고는 얼마 되지 않아서 "여기서 멀지 않은 곳에 멧돼지가 보여. 두꺼운 덤불 아래 숨어 있어!"라고 소리쳤다.

"걱정하지 마! 내 총으로 겨누면 그 어떤 놈도 도망갈 수 없어."

막내는 이렇게 소리치며 둘째 형이 만들어준 마법의 총알을 장전하고 셋째 형이 발견한 멧돼지의 은신처로 향했다.

막내는 나무에 둥지를 튼 새도 눈치 못 챌 정도로 조용히 움직여 물웅덩이와 난폭한 야수의 은신처가 있는 음침한 골짜기에 도달했다. 가까이 다가가자 멧돼지 냄새가 진동했고 숨소리도 들렸다. 막내는 멧돼지 머리 근처까지 천천히 기어 들어갔다. 그러자 멧돼지가 막내를 발견하고는 죽일 것처럼 거품을 물고 어금니를 갈며 달려들었다. 막내는 어깨에 메고 있던 마법의 총을 발사해 멧돼지의 심장을 꿰뚫었다. 큰 고함 소리와 함께 멧돼지가 땅에 거꾸러졌고, 온 숲속에 한동안 진동이 울려 퍼졌다. 난폭한 야수의 목숨은 끝장이 났다.

둘째 형은 멧돼지가 죽었다는 증거로 왕에게 보여줄 큰 어금니를 잘랐다. 사형제가 왕궁으로 가서 전리품인 멧돼지의 큰 어금니를 내보이자 모두들 환호성을 쳤다. 그러나 왕은 고민에 빠졌다.

"젊은 형제들이여, 나는 멧돼지를 잡은 사람과 내 딸을 혼인시키려 했다. 너희 중 누가 나의 딸과 결혼할 자격이 있는가?"

사형제는 당황해서 잠시 아무 말도 못하고 서로를 바라봤다. 이내 첫째 형이 말을 꺼냈다.

"제 마법의 쌍안경이 없었다면 멧돼지를 발견할 수 없었을 겁니다."

셋째도 지지 않았다.

"제가 나무 꼭대기에 오르지 않았다면 멧돼지의 은신처를 찾을 수 없었습니다. 그리고 저의 독려가 없었으면 탐험을 중단했을 겁니다."

그러자 둘째도 한마디 거들었다.

"제가 만든 총알이 없었다면 멧돼지를 쓰러트릴 수 없었지요."

막내도 질 수 없었다.

"제가 멧돼지의 은신처로 숨어들었습니다. 그리고 그놈의 심장에 총알을 명중시켰습니다."

왕은 신중하게 사형제의 말을 듣고는 한참 동안 깊은 생각에 빠졌다. 그리고 다시 사형제가 있는 곳으로 와서는 이렇게 말했다.

"막내 동생이 은신처로 가서 멧돼지를 죽였지. 그러나 마법의 총알, 마법의 쌍안경, 그리고 셋째의 독려 없이는 불가능했을걸세. 각자의 능력으로는 그 누구도 멧돼지를 죽일 수 없었을 게야. 바로 '협력'의 힘이 이러한 커다란 공적을 달성할 수 있게 했다고 생각하네. 그러니 나의 하나밖에 없는 공주와 결혼할 권리는 너희 네 명에게 똑같이 있다고 생각하네만, 공주가 너희들 네 명과 모두 결혼할 수는 없는 노릇 아닌가. 그러니 나는 너희들에게 각각 비옥하고 넓은 공국公國을 내리겠노라."

사형제는 지혜로운 왕의 말을 이해할 수 있었다. 사형제는 왕이

162

내린 각자의 공국으로 갔다. 그리고 그곳에서 그들에게 도움을 요청하는 모든 사람을 위해서 그들의 특별한 능력을 지속적으로 베풀었다. 사형제 모두 아리땁고 지혜로운 여인과 결혼해서 오래오래 행복하게 살았다. **"**

리더십은
팀 경기다

네 번째 동화는 팀의 기본적인 개념을 묘사하고 있다. 팀이란 서로 보완적인 기술과 능력을 가진 사람들이 협력하기 위해 모인 집합을 뜻한다. 그렇다면 '그룹group'과 '팀team'에는 어떤 차이가 있을까? 간단히 말해, 팀의 구성원은 공통의 목표나 과업을 달성하기 위해 상호 책임감을 가지며 서로 맞물려서 일을 하기 때문에 상호 의존성이 높다. 반면 그룹은 같은 정체성을 가지고 있을 뿐 깊이 연결되지 않은 개개인의 집합적 성격이 강하다.

팀이 이루어야 할 공동의 목표와 달성 방식은 리더에 의해 정해진다기보다 구성원들의 합의를 통해 이루어진다. 또한 팀 활동의 결과물은 팀을 구성하는 개개인을 넘어서 팀 전체에 영향을 미친다. 조직의 관점에서 보자면 팀이란 특정한 성과를 위하여 각자 책임과 권한을 가지고 일정 기간 함께 일하는 형태이다.

팀은 네 명에서 최고 열두 명으로 구성될 때 가장 효율적이다. 규모가 큰 팀은 체계와 지원이 더 필요하다는 단점이 있고, 작은 팀은 구성원이 불참하면 의견교환을 활발히 할 수 없다는 단점이 있다. 앞선 동화에 나오는 팀은 보완적인 기술을 가지고 있는 단 네 명으로 구성된다. 넓게 보면 각각은 생각하는 사람thinker, 기획자, 동기부여자, 실천가의 역할을 맡는다. 그들은 야수에게 약탈당하는 왕국을 구하는 과업을 받아 협동하며, 각자는 똑같은 가치를 지닌다.

일반적으로 진실로 헌신적인 팀은 개인들 각자가 이룬 성과의 합보다 더 큰 성과를 달성한다. 책임을 분산하면 상이한 활동이 일사분란하게 같은 방향으로 진행되기 때문에, 궁극적으로 달성해야 할 목표에 더 빠르게 도달할 수 있다. 옛말에도 있듯 개개인은 선율을 좇아갈 수는 있을지 몰라도 심포니를 만들어낼 수는 없다. 높은 성과를 내는 조직은 공평히 나누고, 협동하고, 서로 보완하는 리더십이 만들어낸 결과물이다. 동화에서 봤듯 각 개인의 재능이 무엇이고 그것이 얼마나 뛰어나든, 그 누구도 전체가 해낼 수 있는 수준의 재능은 가지고 있지 못하다. 혼자서 모든 것을 잘할 수는 없다. 팀으로 일한다는 것은 각 개인에게 주어진 부담을 줄인다는 뜻이다.

개인은 문제를 하나의 관점으로 보는 반면, 팀으로 일하면 다양한 관점으로 사안을 바라볼 수 있다. 팀을 이뤄 일하면 각 구성원의 강점을 극대화하고 보완하는 기회를 얻을 수 있으며, 한 팀으로서 최고 수준의 결과를 달성해낼 수도 있다. 리더의 중요한 임무 중 하나는 각 구성원의 재능이 어떻게 상호보완적 역할을 하는지 알아채서 효율적이고 실행력 있는 팀을 구성하는 것이다.

어떨 때 어떤 팀을 구성해야 할까? 효율적인 팀이 조직에서 핵심

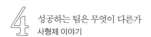

적 역할을 담당한다 해도 팀을 꾸리는 것이 능사가 아닐 때도 있다. 어떤 일이나 프로젝트는 혼자서 하는 것이 더 효율적일 수 있다. 팀 구성원이 시간과 자원을 너무 많이 잡아먹고, 이리저리 갈피를 잡지 못하게 만들고, 긴장과 적대감으로 서로 화합하지 못하게 만들 때도 있다. 이처럼 제 기능을 하지 못하는 팀워크는 조직에 매우 큰 비용을 치르게 한다. 하지만 일 자체가 매우 상호의존적 성격을 띠고 있고, 동화 속 사형제가 당면했던 과업처럼 복잡도가 높다면 이전에는 전통적으로 한 사람이 맡았다고 해도 팀을 구성해 처리하는 편이 낫다.

상호보완성

꼼꼼하게 선발한 개인을 모아놓으면 개개인의 합보다 더 큰 성과를 창출해내는 유능한 팀이 된다. 그와 같은 팀을 만들기 위해서는 우선 각 구성원의 성격과 리더십 스타일을 확인해야 하고, 그다음에는 그들의 강점과 역량을 바탕으로 특정 역할과 과제를 배당해야 한다.

동화는 사형제가 보완적인 팀을 만들어가는 과정을 명확하게 보여준다. 형제는 각기 과업에 필요한 특별한 기술을 보유하고 있었기에 과업을 달성하기 위해 서로 도와야 했다. 사형제의 이야기는 "우리 중 누구도 우리 전체보다 똑똑하지 않다."라는 일본 속담을 보여주는 전형이다. 형제는 한 사람 한 사람 모두 성공해야 전체가 성공할 수 있다는 믿음을 가지고 있었다. 그렇기에 그들은 서로서로 도왔고 서로를 신뢰했다. 의식적, 무의식적으로 그들은 '협력'이라는 맥락 안에서 행동했고, 결국 온 마음을 다해 힘을 합치면 그어떤 어려운 일도 해낼 수 있다는 것을 배웠다.

팀 빌딩의
기본 요소

이번 동화의 교훈은 효과적으로 운용되는 팀을 만들기 위해서는 각기 다른 개성(통찰력, 욕구, 태도, 동기유발 요인, 경력, 전공, 그리고 기대 등)을 지닌 개개인을 모아 그들을 종합적이고 효과적이며 전체적인 직무 단위로 변혁시켜야 한다는 것이다. 일반적으로 이는 꽤 어려운 일이다. 팀 작업에 어울리지 않는 성격 유형도 있다. 성과를 내는 팀은 각자의 양립이 아니라 상호보완을 필요로 한다. 서로 자극해서 결국 잘못된 길에 이르게 하는 사람들의 모임은 아무런 의미가 없다.

팀이 제대로 운영되려면 구성원 각자의 차이점에 집중하기보다 그들이 팀으로 일하는 것이 낫다고 여길 만한 공통점을 강조해야 한다. 팀은 누구나 가지고 있는 소속 욕구를 충족시킨다. 다시 말해, 팀은 본래 특정한 과업의 수행을 위해 만들어졌지만 그 안에서 개인은 각자의 욕구를 채울 수 있다. 사람들은 사회적 상호작용, 소속감, 더 큰 목표에 기여하고 싶다는 니즈를 가지고 있기 때문에 팀으로 일하는 것을 선호한다. 대부분의 사람은 큰 조직의 일원이 되어 인정받고 이해받고자 하는 강한 욕구를 가지고 있다. 따라서 어딘가에 속한다는 것은 개인의 자존감과 자신감 향상에 필수적이다. 반면 사회에서 소외된 사람들은 결국 공허함과 우울함을 느끼게 마련이다.

사회적 관계(그리고 그것을 잃는 데 대한 두려움)는 삶의 질에 있어 결정적 역할을 한다. 이러한 인간 특성을 팀에 적용해보면, 개개인은 소속감을 느낄 수 있는 팀에 속해 일할 때 불안감을 덜 느끼게 마련이다. 사실 이러한 내재적인 보상이 금전적, 혹은 다른 가시적인 보상보다도 더 중요할지도 모른다. 따라서 이와 같은 개인적 요구사항을 제대로 파악하면 성과를 이루고자 하는 팀 구성원의 의욕을 고취할 수 있다.

변화를 만들어내고자 하는 욕구 중 하나인 이타주의 역시 사람들을 협동하게 만든다. 인간이 맺는 사회적 관계의 여러 측면은 친밀하고 호혜적인 복잡한 그물망 안에 존재한다. 의미 있는 목표를 추구하는 팀에서 일하면 혼자서 자기 능력을 발휘할 때보다 더 큰 변화를 불러일으킬 수 있다는 기대감이 생긴다. 사형제의 재주는 서로 아무런 관계가 없어 보이지만 함께 더 큰 목표를 이루어냈다.

팀에서 일어날 수 있는 문제에 대처할 준비가 되었는지를 가늠해보는 데는 다음의 몇 가지 질문이 유용하다. 팀원들이 목표의 의미를 공유하고 있는가? 일사불란하게 같은 방향으로 가고 있는가? 개개인은 능력과 역량 면에서 상호보완성을 지니는가? 각 구성원이 동일한 목표를 추구하고 있는가? 목표와 목적이 공개적으로 토의되고 합의되었는가? 지위 고하와 상관없이 책임과 보상이 평등한가? 팀원들이 일을 즐기고 있는가? 이러한 질문에 확실하고 만족스러운 대답을 얻었다면 유능한 팀을 구축할 준비가 되었다고 볼 수 있다.

팀을 구축하는 데까지는 잘했다고 치자. 그러나 그다음부터가 진짜 시작이다. 동화 바깥의 세상에서는 그렇게 깊은 숲속에 조직원을 아무런 관리 없이 방치하지 않는다. 팀 내 역학으로 인한 인간관계는 우발적으로 발생하지 않고 전략적 측면에서 관리된다. 인간관계를 관리한다는 것은 말이 쉽지, 사실 꽤 어려운 일이다. 자신의 업무를 현실적이고 객관적으로 파악하고 있는 매우 수준 높은 개인들이 모였을 때, 일이 원활하게 돌아가지 않을 때가 많다. 늘 다음과 같은 문제가 따라붙는다. 팀원 중 누가 책임자가 될 것인가? 누가 경계를 설정할 것인가? 누가 업무 추진의 선봉에 설 것인가? 어

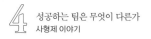

떻게 의사결정을 할 것인가?

가장 강한 권력을 가진 사람에게 자원 배분에 대한 의사결정권을 부여하는 것은 위험한 전략이다. 이는 다른 사람들에게 불공평하다는 느낌과 좌절감을 주기 쉽다. 특히 전체 조직의 수장을 결정하는 맹렬한 과정 중에 있을 때는 더욱 역기능적 역학관계가 발생할 수 있다. '내가 이기면 네가 진다'는 제로섬게임 사고방식이 팀 전체에 만연하게 되고, 공동의 목표는 안중에도 없이 각자 최고의 자리에 올라서는 데에만 매진하게 된다. '실버백 고릴라 행동silverback gorilla behavior, 고릴라는 우두머리 수컷을 중심으로 무리 지어 생활하는데, 무리에서 리더 역할을 하는 수컷을 특별히 실버백이라고 한다. 수컷 고릴라는 성년이 되면 모두 등에 흰색 털이 나지만 오직 한 마리만이 리더 자리에 오를 수 있다. 실버백 고릴라 행동이란 서로 리더 자리를 차지하려는 행위를 뜻한다－옮긴이'이 조직에 만연하면 팀은 제대로 운용되기 어렵다.

그렇기 때문에 팀 빌딩team building에 있어 가장 중요한 순간은 각 구성원이 한 팀으로 통합될 때이다. 새로운 사람이 팀으로 합류할 때는 그들의 능력이 무엇인지, 팀이 그들에게 어떤 기대를 할 수 있는지를 명확히 해야 한다. 그들은 빠른 시간 안에 본능적으로, 자신들이 팀에서 어떤 보완적 역할을 수행할 수 있고 어떻게 팀 내 환경에 적응해야 하는지 파악해야 한다. 어느 정도 단계에 이르면, 자신들의 개인적 희망과 열망이 팀에서 어떻게 작동할지도 알아야 한다. 이러한 통합 절차는 예상했던 것보다 훨씬 더 어려울 수 있다. 리더는 팀 내에서 일어나는 이러한 일련의 역동에 많은 주의를 기울여야 한다. 또한 리더는 팀이 최고 수준으로 운용될 수 있도록 전문적인 코치의 도움을 구해야 한다. 팀 코칭은 팀 내의 근본적 역학을 다루어 높은 성과를 내는 팀을 만들어낼 수 있는 탁월한 방법이다.

나는 교수직을 수행하고 코칭 경력을 쌓으면서 팀 빌딩에 관한 일련의 접근법을 개발해왔다. 이에 '어떻게 하면 높은 성과를 내는 팀을 구축할 수 있는가?'에 대한 대답을 찾을 수 있는 코칭의 예를 소개하도록 하겠다.

한 회사의 사업본부장인 테오라는 사람을 코칭한 적이 있다. 그 사업본부의 경영지원팀이 잘 운용되지 않았기 때문이다. 진단을 마친 후 내가 했던 첫마디는 "이 팀은 가짜 팀입니다."였다. 그 팀의 구성원들은 손발이 맞지 않았고, 말할 수 없는 개인적 갈등 때문에 조직 안에 긴장이 팽배했다.

그들 대부분은 이러한 문제가 외부로 알려진다면 매우 폭발적인 파장이 일어날 수 있다는 것을 두려워하는 듯했다. 팀원 중 일부가 의사 진행을 주도했고, 이에 참여하지 않는 팀원들은 그 주도자가 테오의 측근이라는 데에 노골적인 반감을 표현했다. 팀 회의는 그야말로 난장판이었다. 사람들은 회의에 늦기 일쑤였고 준비도 제대로 해오지 않았다. 정보 공유가 되지 않았고, 다른 사람이 발언할 때 자기들끼리 속닥거리기도 했다. 이 팀은 조금도 협력적이지 않았고, 이 팀이 제대로 굴러가지 않는 것은 당연한 일이었다.

가장 혼란스러웠던 부분은 팀 내에 방향성이 없다는 것이었다. 목표도 우선순위도 없었다. 구성원들 사이에 약속된 공동의 목표는 흔적도 없었고, 팀의 목표가 각 구성원들에게 유의미하다는 느낌도 전혀 들지 않았다. 회의에서 도출된 결과는 성과지표와 거리가 멀었고, 누구든지 할 수 있는 보잘것없는 일이었다. 회의 후 진행되어야 할 실행 단계는 명쾌하지 않았고, 누가 언제까지 해야 하는지에 대한 지침도 전혀 없었다. 더 큰 문제는 회의에서 결정된 사안을 받아들이지 않고, 그 결정을 거부하기까지 하는 팀원도 있다는 것이었다. 성과 유효도performance effectiveness에 대한 논의는 이루어지지도 않았다. 팀원들 사이에는 테오가 직원들을 주관적이고 임의적으로 보상하고 있다는 인식이 팽배해 있었다.

이 모든 것은 팀 구성원이 명시적으로 그룹 프로세스를 논의하는 데 전혀 시간을 쓰지 않은 탓이다. 그들은 더 나은 성과를 내려면 어떻게 해야 하는지 그들 스스로에게 묻지 않았고, 구성원들이 마음을 다해서 서로를 보완하는지 여부도 궁금해하지 않았다. 나는 과연 이 팀이 한 팀으로서 일을 수행해내는 데 필요한 능력을 가지고나 있는지 회의감이 들었지만, 그 팀의 분위기나 상황은 이런 이야기를 꺼낼 수 있는 수준이 아니었다. 테오는 팀의 능력을 파악하는 데 거의 관심이 없었고 팀원들은 그가 과연 팀을 잘 운영할 수 있는지 의문을 제기하기 시작했다.

조직 전체에 영향을 미치는 마감일을 몇 번이나 넘긴 뒤 테오는 CEO로부터 잔소리를 들었다. 변명해봤자 타인에게 책임을 전가할 수 없는 일이었다. 테오는 그의 본부장 자리가 위태롭다는 것을 감지했다. 그리고 그제야 어떻게 하면 좋은 팀의 리더가 되고 유능한 팀을 만들 수 있는지, 도움을 받아야겠다는 생각을 했다. 나는 진정으로 필요한 이야기가 공론의 장으로 나오도록 만드는 촉진facilitate 작업에 착수했다.

테오는 나의 도움을 받아 팀 빌딩 기간을 갖기로 결정했다. 우선은 각 팀원에게 현재 팀이 어느 정도나 기능을 하고 있고, 앞으로 제대로 작동되려면 어느 수준이 되어야 할지에 대해 간략한 설문조사를 실시했다(설문은 익명으로 이루어졌고, 각 문항마다 1~10점 중 선택하도록 했다). 그들이 인식하는 현황과 그래야만 한다고 생각하는 상태의 격차는 놀라울 정도였다. 설문 후에는 모든 구성원들에게 현재의 수준과 요구되는 수준의 차이를 좁히려면 무엇을 해야 한다고 생각하는지를 물었다.

토론을 하는 동안 이 차이를 좁힐 제안이 쏟아져 나왔다. 이러한 논의 과정에서 각 구성원은 다른 구성원이 가진 우려를 더 잘 이해할 수 있게 되었고, 서로에게 지지를 보내고, 한 발 더 나아가 다른 사람이 겪고 있는 어려움에 대한 해결책을 제안하기도 했다. 또한 토론 과정에서 각자의 차이를 존중했으며, 그들 각자의 일에 다른 조직원의 장점을 활용하면 서로를 보완할 수 있다는 것도 이해할 수 있게 되었다.

이 팀 빌딩 기간은 두 가지 즉각적인 결과를 가져왔다. 첫째로 격의 없는 팀 내 분위기가 형성되었고, 회의가 이어질수록 사람들이 참여적으로 변화했으며, 마음을 열고 편안하게 자신의 의견을 말했다. 그리고 둘째로 팀 구성원 중 두 명이 자신은 이 팀에 맞지 않는다며 회사를 떠났다. 팀원들은 나중에야 이 두 사람이 치명적인 스트레스 유발자였다는 것을 알게 되었고, 그들이 떠나자 팀이 더욱 편안해진 느낌을 받았다. 그리고 다른 구성원들의 능력을 보완할 수 있는 두 명이 새로이 팀에 합류했다.

다시 생기를 충전한 팀은 이제야 '진짜 팀'이 되었다. 팀 리더로서 해야 할 임무가 무엇인지를 감지한 테오가 팀을 주도했고, 그들은 더욱 생산적으로 변화했다. 그들은 목표를 전략적으로 일치시켰으며 구성원 각자의 임무를 명확히 정의했다. 또한 책임의 문화가 정착되어, 과업 지표와 마감일이 명확히 공유되었다.

열린 토론은 그들의 그룹 몰입도를 높이는 데 지속적으로 기여하였다. 더 이상 반대 의견을 숨기거나 무시하지 않았고, 좋은 게 좋은 것이라는 식으로 얼렁뚱땅 넘어가지 않았다. 갈등은 자연스러운 것으로 받아들여졌고 오히려 도움이 되었다. 팀원들은 자신의 과업 수행에 더욱 적극적으로 나섰다. 나아가 그들은 자신들의 팀이 팀으로서 제대로 잘 운영되고 있는지 주기적으로 점검하는 습관을 갖게 되었다.

팀의
부정적 측면

기존에 설정된 목표가 실제 목표가 아니거나, 목표가 분명치 않거나, 우선순위가 자주 바뀌는 팀에서는 항상 역기능적인 역학 작용이 발견된다. 이전에 테오의 팀은 다음과 같은 전형적인 역기능 현상을 보였다. 역할갈등과 모호함, 해결되지 않은 드러난(혹은 드러나지 않은) 갈등, 시간관리 실패, 결근과 결석, 결과를 내지 못하는 무능, 경직되고 틀에 박힌 회의 문화, 편중된 참여, 좁은 시야, 조직의 이해관계에 대한 전반적 무관심, 자원·기술·지식·책임의 부족 등이 그것이다. 이러한 팀 내에는 진정한 협력관계나 공동작업, 조화를 위한 노력 등이 보이지 않는다. 그리고 불행하게도 이 모든 것은 팀워크에 대한 나쁜 평판을 만들어낸다.

팀 내의 역기능 현상에는 전염성이 있다. 이러한 영향은 서서히 퍼져서 마침내 조직에 독이 된다. 팀 동료를 경쟁자로 인식하면, 다른 사람의 일을 망치려 하고 정당하지 않은 비난을 하게 되고 정보와 자원을 독점하려 드는데, 이는 팀이 제 기능을 하지 못하게 망칠 뿐 아니라 독성 조직을 만들어내고야 만다. 이 모든 행위는 너무나 미묘해서 참가자들조차 무슨 일이 일어나고 있는지 감지하지 못할 수 있다.

역기능적 팀은 대부분 남 탓을 하고 희생양을 만드는 경향이 있으며, 조직의 생산성과 창의적 프로세스를 가로막는다. 이러한 팀에 속한 구성원들은 갈등과 토론을 피하려 들고 진부하고 식상한 이야기만 하려 한다. 이러한 팀에는 아무리 많은 자원을 쏟아 부어도, 소통이 전혀 되지 않고 의사결정이 지연되며, 낮은 성과에 비틀거리기 십상이다. 그들이 내린 의사결정의 결과물이 최상은 아니리라는 것은 쉽게 예상할 수 있다.

조화와 협동을 추구하려는 강력한 의지를 가진 팀에도, 양극화와 퇴행의 힘은 늘 만만찮게 존재한다. 이는 흔히 사람들의 퇴행적인 '편 가르기' 성향에서 비롯되는데, 사람은 보통 자신이 받아들일 수 있는 것은 '좋은 것', 받아들이기 고통스럽고 불편한 것은 '나쁜 것'으로 나누어서 구분하고 꼬리표를 붙이려 한다. 이는 결과적으로 우리가 개인과 팀, 그리고 조직을 과소평가하고 평가절하 하도록 만든다(이러한 편 가르기는 쌍방향적인 프로세스이기 때문이다). 집단 사고는 형편없고 비현실적이며 심지어 비윤리적인 의사결정을 야기할 수 있다.

성격 차이로 인한 갈등은 매우 번거로운 사안인데, 거기에 조직 설계의 구조적 실수까지 더해지면 추가적인 고통이 야기된다. 아무리 착한 사람이라도 나쁜 시스템에 들어가 일하면 그 결과가 좋지 않을 것임이 자명하다. 만약 팀이 여타 다른 구조적 이유 때문에 그저 형식상으로 만들어진 경우, 팀원들에게 수행해야 할 작업에 대한 분명한 이유를 부여할 수 없으며(동화 속 사형제에게 할당된 작업과 달리), 형식이 실체보다 우선해서 실질적인 일이 아니라 허망한 수사만 난무하게 될 것이다.

고위 임원들은 때때로 순전히 정치적인 목적으로 팀을 만들고 그 안에 사람을 채우는 역기능적인 일을 저지른다. 이러한 팀은 말만 팀일 뿐, 제 기능을 할 수 없다. 이러한 팀의 구성원은 결국 자신의 존재를 알리는 자리에만 참석하게 되고, 팀 구성원들은 더더욱 서로를 알 수 없게 된다. 그런데 만약 그들의 팀이나 그들의 행위가 아무런 의미도 없었다는 것을 깨닫는다면 어떤 일이 벌어질까? 아마 팀에서의 시간을 돌아보고, 더 나은 일을 할 수 있다고 느낄 수도 있을 것이다. 그러나 조직의 전반적 사명에서 소외되었다는 느낌은 피할 수 없을 것이다. 실제로 팀의 역기능적 예시는 이루 다 나열할 수 없을 만큼 많다.

우리는 누구나 한 번쯤은 팀의 구성원이 된다. 그리고 그 안에서 팀이 때때로 강력하고도 상반되는 반응을 불러일으킬 수 있음을 목격하기도 했다. 나아가 우리는 이미 개인적 경험을 통해 팀이 어떻게 운영되느냐에 따라 굉장히 매력적일 수도 혐오스러울 수도 있으며, 극단적으로 만족스럽거나 심하게 실망스러울 수도 있다는 것을 배웠다. 우리들 중 상당수는 팀 내에서 우선 엄청난 양의 에너지가 생성되고, 이 에너지가 좌절감, 긴장감 및 양면성을 중심으로 분배된다는 것을 안다. 따라서 팀 플레이어들은 팀워크의 감정적인 측면에 중심을 두고, 주어진 과업의 완수뿐 아니라 그것을 가능케 하는 과정에 중점을 두고 준비해야 한다. 이 지점에서 팀 코칭은 매우 유용한 역할을 한다.

팀 코칭
권력의 역동 $_{力動}$ 은 팀을 움직이는 핵심적인 부분이다. 팀에 참여하는 구성원들 대부분은 자신의 분야에서 최고의 전문가다. 그들은 탁월한 성과에 합당한 보상을 받았을 것이다. 드물게는 다른 사람의 성과에 기여함으로써 상당한 보상을 받기도 했을 것이다. 그런가 하면 직면한 도전을 어떻게 다루어야 할지 몰라 엄습해오는 불안감을 제대로 관리하지 못해서, 그 불안을 가리기 위해 과도한 자신감을 드러내는 사람도 있다. 빈껍데기 같은 자신을 부풀리고 그럴듯하게 포장해서 다른 사람 위에 서려는 모습도 보인다. 이처럼 오로지 경쟁력만을 중심에 두면 오직 이기고 지는 것만이 중요해져서, 개인적인 동기가 조직 전체의 이해관계를 앞지르고 만다. 한 팀으로서 과업을 수행하는 데 필요한 '협동심'과 그들 중 누가 최고가 될 것인가 하는 '암묵적 경쟁심' 사이에 팽팽한 긴장감이 놓인다. 앞서 언급한 바와 같이 CEO 승계라는 경쟁의 장에서는 이러한 개인적 동기가 강하게 작용해서 특히나 긴장감이 높아지게 마련이다.

팀 빌딩 과정에서 각 구성원들은 다양한 임무를 동시에 수행해야 하고, 또 이 임무 자체가 갈등을 품고 있기 때문에 큰 어려움을 겪는다. 예를 들어, 각 부문의 팀장은 그 팀을 최대한 효율적으로 운영하리라는 기대를 받는다. 동시에 조직은 자금, 시간, 조직의 몰입, 판촉 등의 자원을 조직 전체의 이익을 극대화하는 방향으로 분배한다. 이러한 상황을 고려하면 건설적인 조직의 일부가 되려면, 전체의 이익을 위해 일부 기능을 담당하는 팀이나 부서는 일시적으로나마 자신들의 이익을 통제해야 할 필요가 있음을 알 수 있다. 그러나영역 다툼(부서 간 이기주의)과 과도한 경쟁심리를 억누르기란 쉽지가 않다.

이러한 권력의 역동이 펼쳐질 때 리더들은 일을 제대로 진행하기위해 전력을 다한다. 성공하는 조직을 창출하려면 조직의 위에서부터 바닥에 이르기까지 모두가 결정된 사안을 제대로 처리해야 한다. 리더는 이 사실은 알지만 실질적으로 어떠한 과정을 거쳐 그러한 결과가 만들어지는지는 알지 못한다. 그들은 어떻게 해야 조직의 각 부분이 전략적 일치를 이루는지 모른다. 특히나 그 구조가 복잡한 조직일 경우, 오직 실행이 제대로 이루어지지 않고 있다는 사실만 발견할 수 있을 뿐이다.

팀 문화가 부재하면, 경영진은 그들 자신의 방식으로 일을 처리하고, 결국 협조 불능, 심지어는 갈등을 야기하는 의사결정과 실행을 낳고 만다. 이러한 역기능적인 행동을 멈추는 것이 리더십의 중대 과제 중 하나다. 이 지점이 팀 코칭이 기여할 수 있는 부분인데, 이는 조직 내 모든 사람이 사업의 방향성을 인식하여 내재화하고그들이 하는 일이 큰 그림에서 어떻게 작동하는지를 분명히 함으로써 가능하다. 기업이 팀 코칭을 통해 뚜렷한 로드맵을 창출한다면성공적인 실행을 이루어낼 수 있다.

실행

팀 코칭을 수행할 때는 이 활동이 팀 구성원 개개인의 목표나 미래 비전에 해를 가하지 않는다는 신뢰가 중요하다. 그렇지 않으면 완전한 참여가 이루어지지 않는다. 팀 코치의 임무는 그룹의 집단적 지혜를 활용하기 위해 팀을 이루고 있는 다양한 파벌을 한자리에 모으는 것이다. 그들은 팀원 개개인의 성격에 주의를 기울이면서, 그들의 역동을 더욱 긍정적으로 변화시키기 위해 노력해야 한다. 이러한 과정을 촉진하기 위해 효과적인 팀 코치는 팀원들이 주요 방향을 설정하고, 조직 내에서 전략적 일치를 이루어내고, 조직의 목표를 달성하는 데 필요한 모든 구성원의 노력을 관리할 수 있도록 돕는다.

집중력을 제고하고, 무의식적인 행동을 다루는 것 이외에도 팀 코칭은 다양한 이점을 제공한다. 분명한 것 한 가지는 많은 사람이 함께 집단적으로 코칭을 받으면 자원과 시간의 가치가 극대화되어 규모의 경제가 일어난다는 것이다. 팀 코칭은 일대일 코칭에 비해 훨씬 효율적이다. 또한 팀 코칭을 하면 조직원이 서로의 실제 경험을 공유하게 되어, 비즈니스의 다른 분야에 대한 이해도를 높일 수 있다. 이는 상황을 깊이 인지하는 데 도움을 주고, 부서 내 과도한 경쟁을 방지해준다. 또한 팀의 여러 구성원이 각자가 실행했던 방법과 그로 인해 얻은 교훈을 공유함으로써 생산성 향상을 불러올 수 있다. 강력한 팀 코칭은 공동체의식을 고취시킬 뿐만 아니라 열정, 헌신, 그리고 신바람의 시너지를 만들어낸다.

팀 코칭 과정에 참여한다는 것은 곧 다른 참여자의 성공과 도전으로부터 코칭받을 기회를 얻는다는 뜻이다. 팀 코칭을 통해 다른 구성원이 이룬 성공의 지분을 나눠 갖는 셈이다. 또한 다른 구성원들과 특정 사안에 대해 이야기를 나누는 동안 자신이 무엇을 해야 하는지 더욱 명확하게 인식하게 될 것이고, 이는 효율적인 의사결정에 탄력을 더해준다.

논의하지 못할 이야기

흔히 팀 구성원들은 그들이 직면한 도전 과제와 그것에 대해 자신이 어떻게 느끼는지에 대해 깊이 이야기하지 않는다. 팀 구성원 간에 경쟁 상황이 존재할 때 자신의 속내를 털어놓는 분위기를 조성하기란 어려운 일이다. 특히 이러한 사안에 대한 언급을 회피하려는 성향은 고위 임원들 사이에서 더욱 두드러진다. 지지적인 그룹 코치에게 격려를 받으면 이러한 '말 못할 것들'을 비로소 표면에 드러내놓고 논의할 수 있다.

공개적, 혹은 비공개적으로 논의할 수 없는 사안은 팀 전체 혹은 팀 내 개인들 간의 문제 때문에 생겨난다. 예를 들어 어떤 사람에게 특정 업무가 맡겨졌는데, 그 사람에게는 그 업무가 맞지 않고 그 일을 잘해낼 수 있는 역량을 갖추지도 못했다는 것을 팀원들이 안다고 해보자. 그러나 모든 사람이 이 사실을 드러내놓고 이야기하기를 꺼린다면? 잘못된 것을 뻔히 알면서도 침묵의 소용돌이에 빠지고 만다. 이런 상황에서 팀 코치는 구성원들이 잘못된 결정을 내릴 수 있음을 지적하고 이를 공론화할 수 있다. 집단 압력은 현실왜곡, 위기 진단의 실패, 심지어 윤리적 사고의 실종 등으로 결론 나기 일쑤다. 집단사고에 빠진 팀은 종종 대안을 무시하고 비이성적인 행동을 취한다. 특히 비슷한 배경을 가진 구성원이 많을 때 집단사고에 빠질 가능성이 높다.

만약 조직의 구조가 팀 구성원들이 제대로 기능하도록 돕지 못한다면 이는 시스템적인 문제일 수 있다. 팀 코치는 이러한 꺼내지 못한 말들을 찾아내 구성원들에게 알려주고 터놓고 이야기 나눌 수 있도록 해준다. 이는 팀이 어떻게 갈등을 줄이고, 구성원들 간의 관계를 개선할 수 있는지를 보여주는 매우 유용한 방식이다. 침묵 속에 가라앉아 있던 것들이 수면 위로 떠올라 다루어질 때, 그 팀은 비로소 실제 과업에 초점을 맞추고 그들의 목표를 달성할 수 있다.

상처받을
용기

팀 코치들은 매우 복잡한 임무를 수행한다. 팀 코치는 팀원 모두의 마음속 친구로서 중립성을 유지해야 한다. 또한 그룹의 고조된 감정을 담을 큰 그릇이 되어야 하고, 동시에 도전적인 피드백을 줄 수 있어야 한다. 팀 코치는 개별적인 팀 구성원 각각을 위해 구체적인 행동계획을 개발해내는 동시에, 팀이 전체 조직의 이익을 위해 더 큰 그림을 그릴 수 있도록 도와야 한다.

또한 팀 코치는 구성원 각자가 자신의 취약점 노출을 꺼려하는 마음과 직면할 수 있도록 등을 밀어주어야 한다. 모든 사람은 혹여 타인에게 자신이 바보처럼 보일까 봐 두려워한다. 자기노출에 대한 두려움은 조롱과 창피를 당했던 어린 시절의 고통스러운 기억과 이어져 있을 수 있다. 자기노출에는 한계가 있을 수밖에 없다. 조직 내에 존재하는 팀은 치료 그룹과는 상당히 달라서, 자기노출에 양가감정(질적으로 다른 두 가지 이상의 감정을 동시에 느끼는 것. 예를 들면 존경과 동시에 질투를 느낌 - 옮긴이)을 갖게 될 가능성이 크고 상처를 키울 수도 있다. 다시 말하자면, 팀 구성원 간의 신뢰가 그만큼 중요하고 팀 리더가 적정한 자기노출 수준을 설정해 스스로 모범이 되어야 한다는 뜻이다.

리더가 실수와 약점을 인정하고 걱정을 털어놓으면, 모든 사람이 승자가 된다. 팀원들이 동료를 더 잘 알게 되면 다른 사람에게 무엇이 도움이 되고 무엇이 그렇지 않은지 이해하게 될 것이다. 예를 들어, 동료 중 한 사람이 폐쇄적 성격이라는 것을 안다면, 그가 다른 사람들과 함께 일하는 것을 싫어한다고 지레 짐작하지 않고 그가 독립적인 업무 방식을 선호할 뿐이라는 것을 받아들일 수 있다.

팀, 팀, 팀

팀의 역동성은 구성원들에게 상당히 큰 영향을 끼치기 때문에 팀에 생기를 불어넣는다. 리더는 주요 업무에 초점을 맞추어야 할 뿐아니라 긍정적인 역동성을 만들어내서 무의식적인 행동으로 인해 일이 어그러지지 않도록 해야 한다. 좋은 팀에 속한 구성원들은 개인적 위험을 감수할 준비가 되어 있으며, 갈등 상황을 대비하고, 기꺼이 용기 있는 대화를 할 수 있다. 이 모든 것은 결국 신뢰, 상호성, 건설적인 갈등 해결 등의 조직문화가 형성되어 있을 때 가능하다. 팀 구성원이 다른 사람의 강점과 약점을 이해한다면 그들은 높은 성과를 내는 조직의 초석을 마련한 셈이다. 성공적인 팀의 태도와 분위기는 조직 전체에 활력을 불어넣어 만족감을 높이고, 배우고 협업하는 문화를 확립하고, 독창성과 혁신성을 높이는 데 기여한다. 효과적인 팀 문화가 있는 조직에서 정보는 더욱 자유롭게 위아래, 또는 좌우로 흐른다.

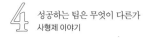

인생은 팀 활동의 결과물이다. 앞선 동화가 보여주듯 우리 개개인은 모든 일을 다 잘할 수 없다. 이는 팀이 중요하다는 논리의 근간이 된다. 각 역할에 가장 적합한 사람이 모이면 모든 업무를 강점을 가지고 다룰 수 있다. 아인슈타인은 이렇게 말했다. "많은 개인의 사심 없는 협동만이 진정으로 가치 있는 것을 만들어낼 수 있다."

나는 얼마나 좋은 팀 빌더인가

다음은 당신이 팀을 어떻게 운영하는가를 측정하는 질문이다.

1 나는 팀의 목표와 가치를 분명하게 설명한다. ☐

2 나는 나의 팀이 결과 지향적이라고 확신한다. ☐

3 나는 팀 구성원 모두가 각자의 임무를 알고 있다고 확신한다. ☐

4 나는 팀 구성원 간의 신뢰 형성을 위해 노력한다. ☐

5 나는 나의 팀이 조직의 다른 부문과 신뢰를 쌓는 데 시간을 쓰도록 장려한다. ☐

6 나는 팀 구성원들 간에 상호보완적인 임무를 부여한다. ☐

7 나는 팀 구성원들이 서로를 보완하고 지원하는 분위기를 조성한다. ☐

8 나는 팀 구성원들이 자기 의견을 갖고 말하고 있다고 확신한다. ☐

9 나는 팀 구성원 모두에게 책임과 의무를 고취시키기 위해 말과 행동으로

노력한다. ☐

10	나는 팀의 리더로서 팀 토론의 내용과 절차 모두에 주의를 기울인다.	☐
11	나는 문제해결과 갈등해소를 위해 건설적으로 관여한다.	☐
12	나는 팀의 성공에 대한 분명한 지표를 만들었다.	☐
13	나는 규칙, 상호 약속, 그리고 마감일을 중시하는 팀을 구축했다.	☐
14	나는 팀 구성원이 문제를 혁신적으로 해결하도록 독려한다.	☐
15	나의 팀 구성원들은 서로 건설적인 피드백을 주고받는다.	☐

체크한 항목이 많을수록 팀이 좋은 성과를 낼 수 있도록 많은 시간을 투여한다는 뜻이다. 효과적으로 운용되는 팀은 조직의 성공에 커다란 공헌을 한다. 만약, 체크한 항목이 적다면 함께 일하고 있는 사람들과 효율적인 팀을 만들도록 더 많은 노력을 기울여야 한다. 단순한 개인들의 집합으로는 팀이 될 수 없음을 기억하기 바란다. 진정한 팀을 구축하기 위해 리더는 각 개인이 지니고 있는 재능, 그리고 개개인이 어떻게 상호보완적인 관계를 맺을 수 있을지에 주의를 기울여야 한다.

진정성 있고
생기 넘치는
조직인가

사자 왕 이야기

수피^{Sufi}교의 전설적인 정신적인
지도자 나스레딘^{Nasrudin}의 유명한 일화가 있다.

어느 날 한 제자가 그를 찾아와 물었다.
"저희들 모두가 간절히 듣기를 청하는 중요한 질문이 있습니다.
행복을 얻기 위한 비밀은 무엇입니까?"
스승이 잠시 생각하고는 답했다.
"행복의 비밀은 올바른 결정을 하는 것이다."
"네. 그렇군요! 그런데 올바른 결정을 하려면 어떻게 해야 하나요?"
스승이 답했다.
"경험이 올바른 결정을 하게 하느니라."
"네. 그렇군요! 그런데 경험을 가지려면 어찌해야 하나요?"
스승이 답했다.
"많은 잘못된 결정이 경험을 만드느니라."

옛날 아주 먼 곳에 인간의 흔적도 없는, 단지 동물들만 사는 숲이 있었다. 동물들은 서로 조화롭게 살고 있었지만 숲은 혼돈 그 자체였다. 과일과 채소는 너무 빨리, 혹은 너무 늦게 수확되었고, 강은 바위와 커다란 통나무로 여기저기 가로막혀 물고기가 살 수 없는 지경이었다. 숲속의 나무는 예고 없이 부러져 새들과 숲속의 동물들을 위협했다. 숲속 동물들은 통치자가 있어야 한다고 생각하게 되었다. 통치자로 하여금 숲의 질서를 세우게 하고, 그가 동물의 왕국을 이끌어가야 한다고 생각했다. 그런데 과연 누가 이러한 역할을 잘해낼 수 있을까? 모든 동물들은 제각기 나름의 소신과 아이디어를 가지고 있었다. 논란은 쉬지 않고 계속되었고 숲속은 소리 지르고 으르렁대는 불협화음으로 떠들썩했다.

　　결국에 아무 말도 하지 않고 잠자코 있던 고슴도치가 의견을 냈다.

　　"경선을 합시다. 누구든 왜 통치자가 되어야 하는지 짧게 정견을 발표하고, 그 후에 투표로 숲의 통치자를 결정합시다."

　모든 동물들은 좋은 아이디어라고 생각했고, 통치자가 되길 원하는 동물들은 무슨 말을 하면 신뢰를 얻을 수 있을지 골몰하기 시작했다. 이윽고 경선 날이 되었다. 첫 번째 경선자인 곰이 앞으로 나섰다.

　"저는 육중하고 강합니다. 이 훌륭한 턱을 한번 보세요. 나무도 오를 수 있습니다. 땅속 깊이 웅덩이도 팔 수 있습니다. 물을 만나면 수영도 하지요. 뭐든 할 수 있는 제가 의심의 여지없이 왕이 되어야 합니다."

　그러나 듣고 있던 다른 동물들은 "그래, 뭐든지 할 수는 있겠지. 그런데 지혜롭지 못하잖아"라며 혼잣말로 중얼거렸다.

　이번에는 기린의 차례가 되었다.

　"저는 키가 매우 큽니다. 그 어떤 동물도 저 같은 목과 다리를 갖고 있지 않습니다. 또 저는 누구보다 긴 혀를 갖고 있지요. 제가 반드시 여왕이 되어야 합니다."

　그러자 다른 동물들이 쑥덕거리기 시작했다.

　"가진 게 긴 목과 긴 다리뿐이네. 우리는 그게 아니라 다른 뭔가가 필요한데……."

　다음은 코끼리 차례였다.

　"저는 크고 육중할 뿐 아니라 누구보다도 우렁찹니다. 저는 아름다운 상아를 갖고 있지요. 저는 나무를 밀어 쓰러트리고 나뭇가지를 부러뜨릴 수도 있습니다. 가는 곳마다 땅이 울리지요. 저를 꼭 왕으로 뽑아주셔야 합니다."

이번 반응은 조금 긍정적이었다.

"그냥 크기만 한 게 아니네. 머리도 쓸 줄 아네."

그때 이제까지 조용히 듣고만 있던 사자가 앞으로 박차고 나오니, 모든 다른 동물들이 조용해졌다. 사자가 우렁차게 소리쳤다.

"허튼소리 그만해. 너희들은 내가 사냥하는 것을 보지 않았는가! 내 이빨, 내 발톱도 보지 않았는가! 그리고 나의 포효를 듣지 않았는가! 나는 이 숲에서 가장 위대한 동물이다. 나는 이미 준비된 너희들의 왕이다. 나 말고 누가 왕이 될 수 있겠는가?"

사자가 한차례 소리치자, 사방이 조용해졌다. 잠시 후 동물들은 다시 이야기하기 시작했다.

"사자는 살인자야. 사자는 우리를 이끄는 게 아니라, 우리를 잡아먹을 수 있어."

"사자는 다른 동물들 말은 듣지 않고 자기 얘기만 해." 또 다른 동물이 말했다.

그러나 이구동성으로 "나는 사자에게 잡아먹히고 싶지 않아."라며 두려운 마음으로 사자에게 투표하고 말았다. 결국 사자는 숲속 왕으로 추대되었다.

누군가가 사자가 훌륭한 리더가 되리라는 희망을 가지고 있었다면, 그건 잘못된 판단이었다. 숲속 일상은 아무것도 변하지 않았다. 과일과 채소의 수확은 계속 실패했고, 강은 바위와 나무토막으로 막힌 상태 그대로고, 나무는 전보다 더 빨리 쓰러졌다. 그리고 그나마 있던 동물들 간의 조화로운 삶조차 사라져버렸다. 누군가 예언한 대로 사자는 굶주린 배를 채우려 더욱 난폭해졌고 예측할 수 없는 통치자로 변하여 분노와 공포가 숲속에 널리 퍼져버렸다. 일단 왕이 되자 사자는 숲속의 수많은 작은 동물들을 잡아먹기 시작했다.

동물들은 너무도 두려워서 숲속의 왕에게 그 어떤 것도 말하려 하지 않았다. 매일 조정에서 의견을 구하는 회의가 열렸지만, 왕 이외에는 그 누구도 한마디도 하지 않았다. 왕의 말에 동의하지 않는 자는 아무도 없었고, 왕에게 질문을 한다는 것 자체가 매우 위험했다. 왕의 관심사는 오로지 자신의 배를 채우는 것뿐이었다. 갑자기 덤벼들어 누군가를 먹어치우고는 불행하게도 그 동물이 실수를 해서 희생이 되었다고 변명했다. 그러면서 자신은 그 어떤 실수도 용납하지 않는다고 덧붙였다. 이후 사자는 그의 동료 동물들을 닥치는 대로 잡아먹은 덕에 더 이상 배고픔에 대한 불만은 말하지 않게 되었다. 그런데 문제는 사자가 살육 자체의 재미에 빠져버렸다는 것이다. 마침내 동물의 왕국에서는 작은 쥐에서부터 덩치 큰 코끼리까지 그 어떤 동물도 안전하지 못하게 되었다.

눈을 뜨고 볼 수 없는 이러한 참상이 계속되자 수줍기만 하던 작은 영양이 어느 날 용기를 내 모든 동물의 비밀 회합을 소집했다.

"우리들은 이 숲을 더 좋게 만들기 위해서 통치자를 뽑았습니다. 그러나 사자를 선택한 것은 우리들의 치명적인 실수입니다."

다들 모이자 작은 영양은 이렇게 말하며 이 곤경을 헤쳐나갈 방법을 촉구했다.

"사자는 우리를 공포의 도가니에 몰아넣고 있습니다. 수많은 우리 친구들이 그에게 잡아먹혔습니다. 우리는 사자의 폭정을 멈춰야만 합니다. 어떻게 하면 되겠습니까?"

그러자 지혜로운 보노보 원숭이가 나서며 말했다.

"우리는 다수입니다. 사자는 혼자이지요. 만약 우리가 똘똘 뭉친다면 사자를 이 숲에서 몰아낼 수 있을 겁니다."

사자를 몰아내려는 시도가 두려운 다른 동물들에게 이 제안은 상상할 수 없는 것이었다. 그러나 보노보가 왕 앞에 가서 숲속 동물들에 대한 자비를 구해보겠다고 하자 그 의견에는 모두들 찬성했다. 보노보는 사자의 동굴로 출발했다.

날이 갈수록 살이 찌고 게을러지는 사자는 때마침 동굴로 잘못 들어온 불쌍한 타조를 잡아먹은 직후라 다행히도 눈앞에 찾아온 보노보에게는 달려들지 않았다. 그러나 "네가 원하는 게 뭐야, 이놈아!" 하며 으르렁거렸다.

"대왕마마! 저는 마마를 도우러 여기에 왔습니다. 잘 아시다시피 지혜롭게 이 숲을 통치하기 위해서는 날카로운 이빨과 발톱, 그리고 거친 포효는 필요치 않습니다. 훌륭한 왕은 연민과 겸손을 그 덕으로 합니다. 훌륭한 왕은 백성들에게 행복하고 안전하게 살아갈 수 있다는 믿음을 주지요. 왕이시여, 이제까지의 폭정을 멈추시고 백성을 위해 자비를 베푸시길 간곡히 부탁드립니다."

보노보 원숭이의 간청을 들은 사자는 으르렁거리며 분노했다.

"네가 감히 내 앞에서 어찌 그런 말을 지껄일 수 있느냐? 내 지금 배가 너무 불러 움직이지 못하는 것이 네게는 행운인 줄 알아라. 안 그랬으면 벌써 내가 널 이 자리에서 죽이고 먹어 치웠을 것이니라."

보노보는 아무 소득 없이 돌아갈 수밖에 없었다. 그의 임무가 실패했다는 것을 알고 동물들은 실망했다. 그리고 다시 회합이 열렸다. 토론은 밤늦게까지 진행되었으나 뾰족한 대안을 찾을 수 없었다. 그런데 마지막으로 산토끼가 동물들의 삶을 개선할 수 있을 법한 제안을 했다.

"사자 왕은 살육을 너무 즐겨서 결국 먹잇감인 우리도 남아나지 않을 테고, 왕도 굶어 죽을 겁니다. 그래도 사자는 그 와중에 점점 뚱뚱해지고 게을러질 겁니다. 저는 제안합니다. 우리가 매일 제비뽑기를 해서 누구든 그날 걸리면 사자의 밥이 되는 겁니다. 이러한 방법은 왕의 식욕과 분노를 통제해서 우리 모두를 구할 수 있을 겁니다."

분명히 끔찍한 방법이었지만 다른 동물 그 누구도 더 좋은 생각을 내놓지 못해서 결국은 그렇게 왕에게 제안해보기로 했다.

그날 밤, 사자 왕의 동굴 앞에 숲속의 모든 동물이 모였다. 동굴 앞에 다가가니 초원에서 정신없이 풀을 뜯다가 슬금슬금 기어온 사자를 미처 못 본 얼룩양양이 잡아먹히는 소리가 들렸다. 산토끼가 조심스럽게 사자 앞으로 깡충깡충 뛰어갔다. 그러자 사자는 깡충깡충 뛰어오는 산토끼를 보고 저녁 후식을 떠올리며 혀를 날름거렸다. 그러나 사자가 거친 손을 들어 올리는 순간 산토끼가 정중하게 말을 시작했다.

"대왕마마, 저희 의견을 들어주소서. 저희들은 마마의 삶을 좀 더 편하고 의미 있게 하기 위한 계획을 생각해냈습니다. 다시는 사냥 같은 것은 하지 않으셔도 되올 것입니다."

산토끼는 왕이 하루의 끼니를 걱정하지 않도록 고안된 끔찍한 계획을 설명했다.

사자는 이 계획을 끔찍하다고 하기는커녕 너무나도 좋아했다. 동굴 밖으로 나가지 않아도 되고 사냥하지 않아도 언제나 식사가 준비되니 금상첨화였다.

왕국을 통치한다는 것은 피곤한 일이었는데, 산토끼의 제안을 따르면 아침부터 저녁까지 빈둥거릴 시간이 더 많이 생길 것 같았다. 사자는 이렇게 엄포를 놓았다.

"너희 의견을 받아들이겠다. 그러나 저녁 식사는 해질 때까지 준비하도록 하고, 만약 시간을 지키지 않으면 너희 모두를 잡아먹을 것이니라. 명심하라."

그 후로 매일 저녁, 숲속 동물들은 누가 사자의 저녁 식사가 될 것인지를 추첨했다. 그리고 그날 뽑힌 운 나쁜 동물은 일몰 시간에 맞춰 사자의 먹잇감이 되어 동굴로 들어가야 했다.

비록 숲속의 생활이 예상처럼 행복하지는 않았지만, 그 끔찍한 계획 덕분에 동물들에게 더 많은 통제권이 주어진 것은 사실이었다. 그러나 그들 모두는 언젠가 사자의 저녁거리가 될 것이고 반드시 자신에게도 그날이 올 것이라는 두려움에 떨며 살게 되었다. 추첨이 끝나면 희생자가 선택되었고, 다행히 살아남은 동물들도 두려움으로 괴로워하고 걱정하며 마지막일지도 모를 낮과 밤의 휴식을 취하러 소리 없이 살금살금 사라졌다.

왕인 사자는 새로운 제도에 매우 만족했다. 그는 더 이상 기어 다니거나 먹잇감을 사냥할 필요가 없어졌다. 언제나 시간이 되면 저녁거리가 그 앞으로 걸어 들어왔다. 그러한 하루하루가 사자를 더욱더 살찌고 게으르게 만들어갔다. 농작물 수확은 여전히 어려웠고, 강은 여전히 막혀 물고기가 살 수 없었고, 숲속의 나무들은 쓰러져 사자의 굴을 에워쌌다.

그럼에도 불구하고 숲속 동물들은 대안을 찾기보다 그들이 선택한 고통을 묵묵히 실행했고, 사자를 물리치기 위한 고민은 더 이상하지 않았다. 그러나 원숭이 보노보가 다음 먹잇감으로 선택되자 뭔가 다른 상황이 일어나는 듯했다. 보노보는 여느 동물들처럼 속상해하지 않았다. 또한 다른 동물들처럼 체념하지도 긴장하지도 않았다. 대신 바쁜 하루를 보내고 나서 느긋하게 출발했고, 일몰이 한참 지난 후까지도 사자의 동굴에 도착하지 않았다. 그러자 사자는 괘씸하게 생각했다.

늦게 나타난 보노보를 보고 사자는 고함을 지르며 으름장을 놓았다.

"왜 나를 기다리게 하는가? 그 대가로 너희들 모두를 잡아먹어야겠다!"

그러나 보노보는 당황하지 않고 침착하게 대답했다.

"정말 죄송합니다. 대왕마마, 그러나 제 잘못으로 늦은 게 아닙니다. 어떤 사자가 저를 뒤따라와 저를 저녁 먹잇감으로 잡으려 했습니다. 저는 대왕마마 말고는 이 숲에 사자가 없다고 생각했는데, 정말 소스라치게 놀랐습니다. 그놈은 대왕마마보다 더 거대하고 무섭고 우렁차게 포효했습니다. 마마."

사자는 잔뜩 화가 나서 으르렁거렸다.

"뭐라고? 다른 사자가 내 왕국에 들어왔다고? 어디냐? 내 당장 가서 찢어발겨버릴 테다."

"제가 앞장서겠습니다. 왕께서는 곧 그놈을 찾을 수 있을 겁니다."

보노보는 길을 나섰고 사자는 그 뒤를 따랐다. 그들은 터벅터벅 숲속을 걸어 마침내 깊은 우물에 도착했다. 보노보는 우물을 가리키며 소리쳤다.

"여기가 그 사자가 사는 곳입니다. 분명히 저 안에 숨어 있습니다. 대왕마마."

사자는 슬금슬금 기어가 우물의 깊은 곳을 내려다보았다. 정말 놀랍게도 그곳엔 다른 사자가 있었다. 그 사자를 보고 왕은 사납게 으르렁대며 포효했다. 그러자 왕의 소리가 우물 속에서 메아리쳐, 마치 다른 사자가 맞받아서 더 우렁차게 포효하는 것 같았다. 참을 수 없이 분개한 사자는 그의 그림자에 뛰어들었고 깊은 우물에 빠지고 말았다.

보노보가 돌아왔을 때, 다른 동물들은 그가 살아 있는 것을 보고 모두 경악을 금치 못했다. 왕인 사자가 저녁 식사를 하지 못하면 동물 모두를 잡아먹는다고 하지 않았던가? 그러나 보노보의 교묘한

꾀에 넘어가 사자가 우물에 빠져 영원히 돌아오지 못한다는 말을 듣고는 모두들 탄성을 질렀고 그의 지혜에 감탄했다. 바늘을 꼿꼿이 세우며 동요하던 고슴도치는 주위가 평정을 찾자 일장연설을 시작했다.

"친구들이여. 우리는 지혜롭고 우리 모두를 돌보며 우리를 안전하게 지켜주는 리더를 원했습니다. 하지만 우리는 두려움 때문에 잘못된 선택을 하고 말았지요. 이제는 우리 자신의 눈으로 똑바로 보고 우리 자신의 귀로 똑바로 듣고 올바른 선택을 해야 할 때가 온 것 같습니다. 나는 보노보가 우리의 여왕이 되어야 한다고 생각합니다."

다른 동물들 모두 이 제안에 만장일치로 동의했다. 보노보는 동물들의 환성에 화답하며 말했다.

"감사합니다. 친구들이여. 오늘 이후로 이 숲속에서 더 이상의 살육은 없을 것이라고 선포합니다. 오늘 저녁은 폭정으로부터 자유를 되찾은 것을 우리 모두 축하하도록 합시다. 그러나 내일, 저는 조정을 열어서 여기 모든 분들의 의견을 듣겠습니다. 이 숲속의 삶이 더 나아지려면 무엇을 반드시 해야 하는지 저에게 말씀해주셔야 합니다. 약속합니다. 여러분이 말한 것을 경청하여 가능하면 빨리 이 땅에 과일과 채소가 풍성하게 자라게 하고, 우리의 강이 깨끗해져서 막힘없이 흐르게 하고, 나무들이 곧고 강하게 자라나게 하겠습니다."

보노보 여왕의 약속처럼 숲속의 삶은 빠르게 변화되었다. 작은 두더지의 잔소리부터 투덜대는 코뿔소의 소리까지 서로 듣고 서로 말하며, 숲속 모든 것이 제대로 돌아가도록 모두 협력해서 일했다. 숲은 번성했고 그 안에서 모두가 성장하며 영원히 행복하게 살았다. **"**

사랑하고
일하고

이 동화는 마음속에 특별한 사례를 염두에 두고 썼다. 이사회 구성원 중 한 명인 친구를 통해 어느 정도 정보를 가지고 있던 힐-예라Heal-Era라는 건강 관련 제품 제조사가 바로 그 사례다. 회사는 리더십 위기로 인해 내리막길을 걷고 있었다.

이른바 웰빙과 삶의 질을 높여주는 제품에 주력하는 회사였음에도 힐-예라 사는 일자리 관련 온라인 사이트인 글라스도어glassdoor.com에서 매우 낮은 평가를 받았다. 그곳에 등록된 평가는 충격적일 지경이다. 힐-예라 사는 매우 불쾌하고 상당히 유해한 기업문화를 갖고 있는 일터라는 인상을 주었다. 이 회사는 5점 만점에 아주 낮은 점수인 2점을 받았다. 불만 사항은 대부분 이 회사가 먹느냐 먹히느냐 하는 약육강식의 다윈식 기업생리를 가지고 있다는 데 집중돼 있었다. 또한 임원들이 매우 무례하고 배려가 없으며, 교육의 기회도 없고, 이해심 없는 근무시간(공휴일에도 근무를 요구)을 고수하고, 직원들을 무시한다는 불만도 많았다.

나는 힐-예라 사에 편집증과 그것이 만들어낸 우울반응depressive reactions이 조직 깊숙이 스미어 있다는 인상을 받았다. 이 회사는 대외적으로도 경쟁자에 대해 극도로 공격적인 태도를 가지고 있어서, 약간의 지적재산권 위반만 보여도 최고경영진은 광적으로 법적 소송에 돌입했다. 이러한 지독한 경쟁 문화는 조직 내부에도 깊숙이 퍼져 있었는데, 이는 극단적인 개인 보너스 제도가 그 원인인 듯했다. 직원들은 목표를 달성하면 많은 금전적 이익을 보기 때문에 다른 사람의 일을 방해하기까지 했다. 그리고 이 회사는 성과 순으로 직원들을 줄 세워 하위 10퍼센트의 인원은 해고를 했는데, 일명 이 '꼬리 자르기 제도'는 사기 진작에 아무런 도움도 되지 않았다.

당연히 회사 내부에는 신뢰가 존재하지 않았고 팀워크라는 개념 자체도 없었다. 대신 회사 내 모든 사람은 자신들에게 '주주가치 shareholder value'라는 단어를 쏟아 부었고, 그 어떤 대가를 치르더라도 이를 추구해야 한다고 여겼다. 이러한 집착은 이 회사가 직원을 긴축과 비용절감의 대상으로 여긴다는 것을 설명해준다.

노먼 스탠리는 이처럼 유해한 기업문화를 가진 회사의 CEO였다. 그는 어떤 사람일까? CEO인 노먼은 모든 의사결정을 단독으로 처리했다. 다른 사람에게는 발언권을 주지 않았고 의견을 수렴하지도 않았다. 직급을 막론하고 회사의 모든 사람을 무기력한 아이 취급했고 위협했다. 직원들을 깔보고 가르치려고만 들었고, 그 누구도 믿지 않았다. 직원들 역시 그를 믿지 않았다. 대부분의 직원은 CEO에게 공포와 경외감이 뒤섞인 복잡한 감정을 가지고 있었다. 이는 그가 왜 여전히 그 자리를 유지하고 있는지를 설명해주기도 하는

데, 노먼은 회사가 어떻게 하면 돈을 벌 수 있는지 알고 있는 것처럼 보였다.

그러던 어느 날 마침내 노먼 시대의 종말을 불러온 사건이 발생했다. 바로 수질오염과 관련된 사건이었다. 단지 회사 안에만 독성이 가득했던 것이 아니었다. 힐-예라 사는 폐기물을 처리하는 과정에서 공장 주변의 환경오염 방지 절차를 무시했다. 이 사건이 언론에 보도되자 힐-예라 사의 주식은 폭락했고 노먼의 리더십에 대해 심각한 의문이 터져 나왔다. 소송과 그 소송에 대한 대응소송이 뒤따랐고 나쁜 뉴스가 산처럼 쌓이기 시작했다. 결국 이사회는 노먼의 해임을 결정했다. 그리고 이어 산재한 문제를 해결하기 위해 탁월한 여성 경영자인 베라 브룸을 추대했다.

베라는 대표직을 수락하면서, 회사 내부에 만연한 편집증은 쉽게 치유되지 않기 때문에 기업문화에 변화가 필요한 시점이라는 것을 깨달았다. 나아가 그녀는 사람의 마음을 변화시키기 위해서는 CEO를 비롯한 경영진의 헌신적인 에너지가 필요하다는 것을 알고 있었다. 또한 전임 CEO와 달리, 리더는 재무적 성과는 물론이고 자신이 이끄는 사람들의 정신적인 웰빙에도 영향을 미쳐야 한다는 것을 인지하고 있었다. 베라는 가치와 문화의 중요성을 이해하고 있었던 것이다.

베라가 처음 시행한 일은 일명 '썩은 사과 골라내기'였다. 썩은 사과란 힐-예라 사의 나쁜 기업문화를 만들어내고 고착시킨 주모자를 의미했다. 그녀는 오래된 보너스 시스템을 폐지하고, 더욱 공정한 팀 중심의 보상 시스템을 제시했다. 회사의 새로운 가치를 따르지 않는 사람에게는 회사에서의 미래를 보장할 수 없음을 분명히 했다. 또한 보상 시스템에 금전적 수혜뿐 아니라 교육의 기회를 추가했다. 의사결정 과정은 분권화했다. 그리고 하향식top-down 기업문화를 덜어냈다. 그녀의 표현대로 하자면, 그녀는 수동적이고 의존적인 문화가 아니라 '사람들의 두뇌를 가볍게 두드리기'를 원했다.

몇 년 지나지 않아 글라스도어는 힐-예라 사의 등급을 4.5로 상승시켰다. 이는 어려운 일을 성취했거나 조직의 핵심적인 문화를 변화시켰다고 인정되어야만 받을 수 있는 등급이다. 확실히 베라는 회사의 변화와 성장을 위해 모든 사람에게 영향을 주는 기업문화와 팀, 그리고 조직 시스템을 기획하고 실행했으며 그 결과는 매우 성공적이었다. 힐-예라 사는 어려움을 딛고 그 이후로도 번창했다.

사자 왕 이야기에서 보듯, 대부분의 리더는 어떻게 하면 모든 사람이 자신의 최선을 발휘하는 조직을 만들 수 있는지에 대한 아이디어가 없다. 대신 그들은 모든 사람이 고통받는 조직과 제도를 만든다. 그러한 리더 밑에서 일터는 두려움의 공간으로 바뀐다. 비난

중심의 조직 분위기가 조성되고, 자신들의 안위에만 급급해하는 기업문화가 형성된다. 이러한 조직에서는 창의성을 기대하기 어렵다. 대신 스트레스와 질병이 야기되고, 낮은 성과와 높은 결근율, 높은 이직률을 기록하게 된다. 이러한 역기능적 조직에 속한 구성원은 우울증, 알코올중독, 약물남용, 스트레스 장애에 빠지기도 한다.

조직은 스트레스로 가득할 필요가 없다. 반대로 개인이 자부심을 유지하고 정체성을 확립해서 심리적 행복을 유지할 수 있도록 도와야 한다. 조직은 개인에게 정신적 지주가 되어주어야 한다. 조직은 분명 정신건강의 밑거름이 될 수 있다. 프로이트^{Sigmund Freud}는 정신건강이 "lieben und arbeite", 즉 사랑과 일에 달려 있다고 말했다. 우리는 우리가 속한 조직에 심리적으로 큰 의미를 둔다. 일을 통해 성취하는 가시적 결과는 불안정한 세상에서 마음의 평화를 가져다준다. 조직^{organization}은 '제자리에 놓아 정돈한다'는 뜻이다. 그 의미를 조금 더 확장하면, 조직은 스트레스와 부담감을 유발하는 것이 아니라 우리가 일상에서의 스트레스와 부담감에 대응할 수 있도록 돕는 이상적인 환경이 될 수 있다는 뜻이다.

심리적
계약

사자 왕 이야기는 건강한 삶과 직장을 만드는 방법에 대한 교훈을 전달한다. 지혜로운 보노보는 이를 달성해냈다. 이 이야기가 사람들의 행복을 위해 리더가 반드시 해야 할 일에 대해 우리에게 말하는 바는 무엇일까?

가장 근본적으로, 건강한 사람은 건강한 환경을 필요로 한다. 동물의 왕국에 관한 이야기에서 볼 수 있듯 조직의 건강한 환경은 영감을 불러일으키는 리더십, 탁월한 근무조건, 그리고 목적의식에 의해 만들어진다. 건강한 일터란 구성원들이 리더를 신뢰하고 일자체와 회사를 자랑스럽게 여기고 동료의식이 충만한 곳이다. 사자왕이 통치하던 숲은 이런 모습과 거리가 멀다.

조직은 변화의 바다에서 언제나 중요한 나침반이 되어준다. 조직에 몸담고 있다는 것은 소용돌이치는 시대에도 안정적으로 경제적, 사회적 격변에 대처할 수 있다는 뜻이다. 경제학자 존 케네스 갤브레이스John Kenneth Galbraith는 이렇게 말했다. "모든 위대한 리더는 한 가지 공통점을 지니고 있다. 바로 그들 시대의 주요 불안을 분명히 직면하고자 하는 의지다."

경영진은 점차 독립적 요원agent이 되어가고 있고, 조직에 대한 애착이 줄어들었으며, 조직의 정체성과 충성도의 중요성도 약해지고 있다. 오늘날 평생고용을 기대하는 사람은 거의 없다. 직원과 조직 사이의 심리적 계약psychological contract은 이미 깨졌다.

이러한 상황은 매우 심각한 부정적 영향을 끼친다. 조직은 리더를 통해 직원들의 불안감을 억제해주는 '포용적 환경holding environment'을 제공해왔다. 그러나 요즘에는 조직이 이러한 기능을 수행할 준비가 안 되어 있는 것처럼 보인다. 심리적 계약의 상실은 업무 환경을 스트레스로 가득 채웠고, 이는 직원들의 정신건강에도 하등 도움이 되지 않는다. 앞으로는 건강하지 못한 조직은 번성하지 못할 것이다. 실제로 조직의 생명주기는 점점 짧아지고 있다. 그렇다면 조직의 리더들은 그들의 회사를 건강한 일터로 만들기 위해 무엇을 해야 할까?

사실 조직은 조직원이 번성하고 건강을 유지할 수 있는 환경을 조성하기 위해 실로 많은 것을 할 수 있다. 조직의 리더는 실무적으로 스톡옵션, 성과배분 시스템, 무해고 정책, 해고 정책 폐지, 정보 공유 시스템, 유연근무제, 평상복 규정 등등을 실행할 수 있다. 이러한 것들은 공동체의식을 함양하는 데 도움이 된다. 최신 시설의 피트니스 센터, 휴게시설, 사내 병원, 사내 어린이방, 좋은 음식을 제공하는 카페테리아, 폭넓은 건강보험 정책 등을 제공할 수도 있다. 건강한 환경을 제공하는 조직은 기본적으로 가정 친화적이며, 여성 친화적이다. 이런 면에서 높은 점수를 받는 회사는 직원들의 정신

건강에 긍정적인 영향을 주는 조직문화를 형성하기 위해 많은 애를 쓰고 있다.

이 모든 조치는 조직의 기본적인 목적과 문화를 정의하는 단단한 가치와 신념 위에서 이루어져야만 하고, 이 가치와 신념은 모든 상황에 대해 분명하고 강력하게 기술되어야 한다. 동화에서 보노보는 통치자가 된 이후 우선 새로운 법을 제정하고(더 이상 살육은 없다), 개방과 믿음의 문화를 약속한다(여기 모든 분들의 의견을 듣겠습니다. 이 숲속에서의 삶이 개선되려면 무엇을 반드시 해야 하는지 저에게 말씀해 주십시오). 그리고 동화에서 보노보는 약속을 지켰고 숲속 동물들은 더 나은 삶을 살게 되었다. 다시 말해, 보노보는 사자 왕이 통치하던 기간에는 없었던 발언 기회와 자기결정 기회를 부여했다.

이러한 가치와 신념도 중요하지만, 정말 좋은 일터는 우리의 동기부여 요구 시스템에 부응하는 다음 세 가지 필수요소를 제공한다. 바로 사랑, 재미, 그리고 의미다. 이 세 요소가 있는 조직에 속한 사람은 소속감과 즐거움을 느끼고, 스스로를 의미 있게 여길 수 있다.

나는 이러한 '깨달은 조직'을 묘사하는 용어를 만들어냈다. 바로 'authentizotic'인데, 이는 그리스어의 두 단어 'authenteekos'와 'zoteekos'에서 따왔다. 첫 번째 단어는 조직에 진정성authentic이 있어야 한다는 생각에서 가져왔고, 두 번째 단어는 '생기 있는 삶'이라는 뜻을 살리고 싶어서 차용했다. 사람들은 이처럼 '진정성 있고 생기 있는 조직'에서 온전히 살아 있음을 느낀다. 사자 왕이 통치하던 숲처럼 진정성 없는 조직에는 단지 '생존alive'만이 있을 뿐이다. 이 두 가지는 그야말로 천양지차다.

나는 오늘날의 리더들이 직면한 가장 큰 도전은 조직원들의 스트레스를 풀어내고 그들에게 건강한 존재 방식과 더 충만한 삶을 제공하는 진정성 있는 조직을 만드는 것이라고 본다. 이러한 조직에서 직원들은 개인과 조직생활의 균형을 효과적으로 유지할 수 있고, 경험을 통해 지속적으로 학습하게 된다.

"똑똑한 사람은 그가 행한 경험에서 배우고, 지혜로운 사람은 다른 사람의 경험에서 배운다."는 속담이 있다. 우리는 우리 인생에 꽤 큰 영향을 주는 감정적 경험을 충분히 누리지 못한 채 인생을 살아간다. 우리는 제대로 소화하지 못한 경험에 둘러싸여, 의미를 제대로 헤아리지도 못한 채 일상을 살아가기 바쁘다. 가능한 한 이런 경험을 창의적으로 다루어야 하지만, 상사가 사자 왕과 같다면 그러기가 쉽지 않다.

미국의 정치가 제럴딘 페라로Geraldine Ferraro는 "일부 리더는 여성으로 태어난다."라는 유명한 말을 했다. 효과적인 리더십의 핵심역량은 '일이 성사되도록' 하는 것이다. 동화에서 보노보는 타고난 리더십 재능이 있었고, 이는 그 첫마디만으로도 충분히 알 수 있다. 그러나 그의 동료들은 사자 왕에 대한 두려움 때문에 그녀의 지혜와 용기를 인지할 수 없었다. 그렇기에 보노보는 사자 왕의 통치에 마침표를 찍으려면 무엇을 해야 하는지를 분명히 알고 있었지만, 자신의 리더십을 보여줄 만한 적절한 시기를 기다렸던 것이다.

곰이 된 왕 이야기에서도 겸손은 리더에게 요긴한 덕목이라고 말한 바 있다. 이처럼 보노보도 일단 사자 왕의 명령에 따르는 겸손함을 보이면, 사자가 자신의 계략에 걸려들 것임을 알았다. 거대한 권력을 쥐고 있는 자는 그 권력을 가볍게 쓴다는 것을 보노보는 알고 있었다. 또한 그 위치에 이르면 자신 역시 그 전의 리더와 똑같아질 수 있다는 것도 분명히 알고 있었다.

이 동화의 교훈은 리더가 변화와 성장의 비전을 가지고 있다면, 사자 왕이 아니라 보노보처럼 행동해야 더 나은 성과를 얻을 수 있다는 것이다. 자신을 다스릴 수 없는 사람은 누구도 다스릴 수 없다.

나는 코치형 리더인가

다음 질문은 당신이 코칭 지향적인 조직에서 일하고 있는지를 알아보기 위한 항목이다. 해당되는 사항에 체크하라.

_1_ 우리 조직에서는 열린 소통이 중요하다. ☐

_2_ 우리 조직에서 신뢰는 중요한 특성이다. ☐

_3_ 우리 조직은 학습과 개발의 중요성을 알고, 실천하고 있다. ☐

_4_ 우리 조직은 팀 지향적인 문화를 지녔다. ☐

_5_ 나는 조직원의 일이 잘되었을 때 그것을 축하한다. ☐

_6_ 우리 조직 구성원들은 자신의 목소리를 낼 수 있다. ☐

_7_ 우리 조직은 늘 건설적인 피드백이 오가는 분위기다. ☐

_8_ 우리 조직은 창의성을 발휘할 여지를 제공한다. ☐

_9_ 나는 우리 조직에 높은 소속감을 느낀다. ☐

<u>**10**</u> 일은 나에게 의미를 준다. ☐

<u>**11**</u> 나는 일을 하며 큰 즐거움을 얻는다. ☐

<u>**12**</u> 나는 우리 조직의 핵심가치와 미션을 믿는다. ☐

<u>**13**</u> 나는 조직에서 정당한 보상을 받고 있다고 느낀다. ☐

<u>**14**</u> 우리 조직은 나의 최선을 이끌어낸다. ☐

<u>**15**</u> 나는 우리 조직의 리더십을 신뢰한다. ☐

체크한 항목이 많다면 당신은 코칭 지향적이고, 진성성 있고 생기 넘치는 조직에서 일하는 행운을 누리고 있는 셈이다. 만약 체크한 항목이 적다면 당신의 조직이 최상의 일터라고 말하기는 어려울 것이다.

진정성 있고 생기 있는 조직은 외부에서 바라봤을 때 매우 바람직해 보이고, 그 내부에 속한 사람들도 매우 즐거워하는데, 이러한 조직문화를 가졌다고 말하는 회사가 이토록 적은 이유는 무엇일까? 일터에서 맺는 관계는 왜 이토록 자주 역기능적일까? 왜 그렇게 많은 임원들은 별 영향력이 없을까? 어떤 이들은 이에 대해 인간의 본성이 그렇기 때문이라고, 즉 우리가 서로를 어느 선까지만 신뢰하는 경향성을 가졌기 때문이라고 답한다. 또한 우리 개개인이 이룬 것보다 팀으로 일할 때 더 많은 정신적·물질적 혜택을 누린다는 것을 이해하지 못하는 무지에서 비롯되었다고도 말한다. 하지만 나는 이 말에는 동의하기 어렵다. 팀워크가 신뢰를 바탕으로 하고 있을 때, 우리는 분명 더 편리하고 더 생산적으로 일한다. 코칭 문화를 가진 조직은 동일한 부서의 사람들을, 부서와 부서를, 팀과 팀을 위아래로 수평적으로 연결하는 거미줄처럼 운영된다.

흔들리는
바다에서
등대가
되어 주는
이야기

효율적인 조직 구축하기

머지않아 당신은 동화를 다시 읽을 만큼
충분히 성숙해질 것이다.

_C.S 루이스 C.S. Lewis, 영문학 교수

당신의 아이가 총명하길 바란다면, 동화를 읽혀라.
만약 당신의 아이가 지혜로워지길 원한다면 동화를 더 많이 읽혀라.

_ 알버트 아인슈타인

역사가 기록되기 전부터 동화는 은유를 통해
인간의 두려움을 극복하는 수단이었다.

_ 잭 자입스 Jack Zipes, 동화작가

우리가 마음의 감옥에서 삶을 살아가게 될 운명이라면,
우리 의무는 그 안을 풍성하게 채우는 것이다.

_피터 유스티노프 Peter Ustinov, 영화감독

우리 모두는
스토리텔러다

우리 모두는 우리가 동화 같은 삶을 살아가고 있다는 것을 안다. 동화에는 아주 낯익은 인물들(잘생긴 왕자, 사악한 계모, 아름다운 왕비, 괴상한 용, 개구리, 야수 등)이 등장한다. 우리의 주인공들은 고통스러운 시련에 빠지고 잔인한 대우를 받으며, 불평등에 고통받는다. 하지만 이야기의 끝에 가서 악인들은 죗값을 치르고 선이 승리하며 주인공은 그 뒤로 영원히 행복하게 산다.

낯설지 않고 익숙한 구성은 우리가 이야기의 결말을 쉽게 예상할 수 있게 한다. 이는 우리가 그 이야기를 별다른 비판 없이 빠르게 받아들이고 수긍한다는 뜻이기도 하다. 다시 말해, 이야기가 전달하고자 하는 메시지와 의도가 별다른 저항 없이 우리 마음에 자연스레 들어와 스며든다. 그렇기에 수많은 속담과 동화는 도덕적 교훈을 제공하고 인간 행동을 성찰케 하는 지름길 역할을 해왔다. 오래전부터 구전口傳이나 문자로 기록되어 전해진 이야기들은 문학적으로나 심리학적으로 그 가치를 인정받고 있다. BC 600년 전의 이솝Aesop 우화, 17세기 라 퐁텐La Fontaine과 19세기 그림 형제Brothers Grimm의 동화, 그리고 지금도 세계적으로 유명한 영국의 팬터마임 pantomime, 영국에서 보통 크리스마스 때 공연하는 음악, 무용, 코미디가 혼합된 동화 연극 - 옮긴이 등이 그것이다. 쉽게 이해되고 극적이면서도 인간의 밑바닥에 흐르는 도덕적 진리를 담은 개성 있는 원형적 이야기들은 이후 세계적으로 유명한 소설과 드라마의 원류가 되었고, 이러한 이야기는 우리 인류의 역사 속에 내재되어 있다. 동화는 순수한 오락거리를 넘어서서, 독자와 청자에게 풍부한 상상력을 제공함으로써 우리의 감춰진 자아를 매료시킨다. 이러한 울림 덕에 스토리텔러들은 우리 마음속에 깊이 자리 잡고 있는 두려움과 욕망을 치유하는 역할을 해주었을 뿐 아니라 두려움과 욕망을 건전한 인격으로 통합할 수 있게 해주었다.

나는 이 책을 기획하며 기존 동화의 독자와는 다소 거리가 있는 고위 임원이나 조직의 리더, 그리고 그들을 돕는 코치를 위해 동화를 새로이 집필했다. 어떤 사람들은 별나다고 여길지도 모른다. 그러나 우리 모두는 동화를 포함한 모든 이야기를 좋아한다. 최소한 우리는 우리 스스로의 이야기를 만들어가고 있다. 모든 코칭, 심리치료, 심리분석 접근법은 모두 클라이언트에게 '이야기를 해보라'고 하며 시작된다. 이 책에 실린 다섯 가지 이야기에는 전통적인 동화 포맷이 도입되었으며, 다섯 가지 역기능적이며 비참한 리더십이 포함되어 있다. 이런 식으로 동화라는 가면을 씌운 이유는 이것이 무시되기 쉬운 메시지를 전달하는 데 있어 매우 훌륭한 방식이기 때문이다.

동화 뒤에 덧붙인 해설에서는 각 이야기의 상황적 기반과 현실의 리더십 행동, 그리고 조직문화를 분석하였다. 그리고 이야기가 전달하는 메시지를 제시함과 동시에 내가 실제 상황에서 만난 역기능적인 임원들의 행동을 진단하고 그들을 내가 어떻게 다루었는지를 설명하였다. 각 장 말미에는 '자가진단 테스트'를 제시해 핵심 교훈을 다시 한번 짚어볼 수 있도록 했다.

이 책은 TED에서의 강연 요청을 계기로 기획되었다. TED 강연은 내가 기존 콘퍼런스 등에서 해오던 연설이나 강연과는 그 형태가 매우 다르다. 중언부언할 시간이 전혀 없고, 최대 19분 안에 말하고자 하는 핵심에만 집중해야 한다. 나는 이야기하기를 좋아하고 연설할 때도 청중과 대화하기를 좋아하기 때문에 기존 연설은 보통 그보다 훨씬 길다.

제한된 시간 안에 이야기하고자 하는 바의 정수만을 전달해야 한다는 점이 몹시 신경 쓰였다. 그러나 결과적으로 그 시간제한은 나에게 좋은 기회가 되었다. 나의 연설 방식을 돌아볼 수 있었고, TED에서의 경험은 나에게 스토리텔링의 정수를 가르쳐주었다.

내가 말하고자 하는 바를 가장 잘 전달할 방법은 무엇일까? 나는 청중들의 마음에 무엇을 새기고자 하는가? 내 이야기를 듣고 청중들이 어떤 메시지를 가지고 돌아가기를 원하는가? 이러한 질문에 대한 답으로 찾은 것이 바로 동화였다. 거의 모든 동화는 구체적이고 은유적인 메시지를 가지고 있다. 동화는 삶에 교훈을 주고, 인간의 부족한 점을 들추어낼 뿐만 아니라 매우 도덕적이다. 몰리에르Molière, 17세기 프랑스의 극작가이자 배우-옮긴이의 희극 《평민 귀족Le Bourgeois Gentilhomme》에 나오는 "수년간 나는 뜻도 제대로 모른 채 이야기해왔네."라는 독백처럼, TED에서의 연설은 내가 나의 삶(경영학 교수, 심리분석가, 컨설턴트, 리더십 코치)에서 동화를 이야기하고 있었다는 사실을 깨닫게 해주었다. 어쩌면 나는 더 의도적으로, 더 많은 동화를 이야기했어야만 했는지도 모른다.

동화는 나에게 굉장히 매력적이다. 어린 시절에는 많은 양의 동화를 매우 빠르게 읽어냈는데 당시에는 그 이야기들을 충분히 이해하지 못했다. 이제야 나는 어른들을 위한, 특정 목적을 가진 동화를 제법 괜찮게 만들어낼 수 있게 되었다. 그런데 어떤 종류의 동화가 리더들의 마음을 끌고, 그들에게 의미를 줄 수 있을까?

스토리텔링은 보편적인 현상이다. 우리가 숨을 쉬듯 자연스럽게 누리고 있는 문화란, 그 안에 살고 있는 사람들이 이야기한 경험의 집합이다. 스토리텔링은 언제나 우리에게 역사가 진화하는 길을 일러주었다. 스토리텔링은 태곳적부터 지식과 가치를 나누는 공동체 행위로, 인간의 발달과 함께해온 의사소통 수단이다. 대부분의 사람들이 읽고 쓸 줄 몰랐던 시절, 사람들은 불 앞에 앉아서 그리고 동네 시장에서 조상들의 법과 가치, 종교적 믿음, 금기사항, 지식과 지혜에 대한 이야기를 후대에 전파하였다. 이야기를 통한 의사소통은 역사적으로 사람들을 하나로 묶는 가장 중요한 요소였다. 18세기 이전의 동화는 성인과 어린이 모두를 위한 가장 중요한 일상적 오락거리이기도 했다.

이야기는 삶의 가장 근본적인 것들을 다루는데, 특히 성인이 되는 과정이나 그 과정에서 일어나는 감정의 움직임을 묘사한다. 그렇기에 이야기는 사람들이 마주하는 온갖 심리적 갈등을 터득하는 데 매우 효과적이다. 이야기의 주제로는 주로 출생, 죽음, 결혼, 사랑, 증오, 두려움, 기쁨, 사악함, 용서, 거부, 그리고 수용 등이 선택된다.

인간의 보편적이고 근본적인 문제를 다루기 때문에 다양한 문화권에서 비슷한 이야기가 발견되는 경우도 흔하다. 유사한 이야기가 그토록 멀리 떨어진 곳에서 오랜 시간에 걸쳐 입에서 입으로 전해졌을 것을 생각하면 신비한 느낌이 들기도 한다. 이야기의 유사성은 모든 문화권에 나타나는 공통적이고 근원적인 집단 역동성을 반영한다(예를 들어 《신데렐라》와 《장화홍련전》은 매우 비슷한 이야기 구도와 상징을 가지고 있다 - 옮긴이). 실생활에서 낯설고 이상한 일을 겪으면 누구나 재차 이야기하게 되듯, 대부분의 사회에서 친숙한 고전 동화는 이와 똑같은 반복의 전통을 통해 생겨났다. 이야기가 전달되는 과정에서 상당한 변형이 일어남에도 불구하고 이러한 이야기의 주요 주제는 처음과 동일하게 살아남는다.

동화와 우화는 하나의 집단 문화유산 형태로 인간사와 감정의 극단적인 상황을 그려낸다. 주요 사건을 은유적으로 반영하기도 한다. 이러한 이야기는 심리적 현실과 삶의 경험을 반영하기 때문에 우리 조상들의 생존과 번영에 지대한 공헌을 했다. 이야기는 주변의 위험을 탐색하게 하고, 작고 보잘것없는 것이 크고 힘센 것을 이겨내는 모습을 자주 그림으로써 희망을 심어주었다. 대부분은 도덕적 이야기고, 기본적인 인간의 가치를 보여주기도 한다. 베풂과 친절함은 보상받고 탐욕과 잔인함은 벌을 받는다.

오늘날과 같은 디지털 시대에도 스토리텔링은 인간의 기본적 행위로서 그 가치를 잃지 않고 있다. 문화적 유산을 담은 이야기는 이전 세대와 현재를 이어주며, 조상의 문화적 유산인 이야기를 읽고 나누는 과정을 통해 집단무의식의 지혜를 터득해나갈 수 있다. 이야기에서 유래되었거나 이야기 안에 묘사된 인간의 전형적 특징을 기반으로 우리는 현재 존재하는 인간 유형과 우리가 되고자 하는 인간 유형을 그려볼 수 있게 되었다.

이야기는 사람이 헤아릴 수 있는 것 이상의 다양한 방식으로 우리를 감동시킨다. 그렇기에 현 시대에서도 우리는 끊임없이 옛 동화와 우화를 끄집어내 현대적인 맥락에서 재조명한다. 그러다 보니 옛이야기를 전달하는 현대의 스토리텔러들은 이전에 그 이야기를 한 모든 사람들과 같은 선상에서 문화적인 연대감까지 느끼곤 한다.

대부분의 사람들은 이야기가 얼마나 우리 행동에 큰 영향을 주는지, 이야기가 우리 문화를 어떻게 만들었는지를 알아채지 못한다. 하지만 우리가 알지 못한다고 하더라도, 이야기는 우리가 행하는 모든 것—우리가 우리의 과거를 어떻게 생각하는지, 현재 어떤 결정을 내리는지, 미래를 어떻게 계획하는지, 우리의 행동을 어떻게 작동시키고 우리의 성격을 어떻게 정의할지와 같은 것들의 밑바탕이 된다. 우리는 이야기를 듣고, 사람들에게 이야기를 전하고, 우리에게 일어난 일로 이야기의 내부를 채워가면서 우리가 어떤 사람인지 인식하게 된다. 인간 발달적 측면에서 보면, 우리 모두는 스토리텔러다. 우리 모두가 우리 인생 이야기의 주인공이니 말이다. 나의 이야기는 내 인생의 미로에서 길을 찾도록 도와준다. 내가 주인공이 되는 이야기는 격랑의 바다에서 확실한 등대가 되어준다.

전래동화는 우리를 사로잡은 이슈를 주제로 극화되었다. 각 등장인물은 우리의 자연, 의식, 그리고 감성적·정서적 발달의 상태를 잘 그려내고 있다. 우리는 이야기할 때나 들을 때 상상력을 사용하고, 이야기하는 사람들과 함께 생각과 의견, 아이디어를 발전시킨다. 이러한 방식으로 자신의 입장을 떠나서 사물을 다르게 바라보고 이야기 주인공에게 공감하는 경험을 하게 된다. 이런 이유로 이야기는 우리의 신념과 도덕적 가치에 강력한 영향을 미친다.

전래동화 속 주인공은 일차원적인 성격으로 단순화되어 있다. 그들은 어리석거나 아주 영리하고, 못생겼거나 매우 아름다우며, 가난하거나 부자이다. 또한 사악하거나 친절한 마음을 갖고 있다. 이러한 이야기는 인간의 경험이나 관계의 차원까지 깊이 들어가지 않기 때문에, 단선적 특징이 분명하게 드러난다. 그 묘사가 표면적일 뿐만 아니라, 이야기에 등장하는 주인공이나 악당은 이름이 없거나 (처녀, 목수, 마귀, 왕, 여왕, 사나운 늑대 등) 상징적인 이름(잭, 백설 공주, 백마 탄 왕자, 사악한 계모)을 쓴다. 이런 두루뭉술한 설정은 우리 중 한 사람이 주인공이 될 수도 있고, 이상하고 경이로운 일이 우리 모두에게 일어날 수 있다는 환상을 심어준다.

이러한 동화의 마법은 추상성 위에 세워진다. 이야기는 구체적이지 않은 장소(숲속, 성, 먼 곳, 아주 멀리 떨어진 곳), 극단적인 성품(완벽하게 착한, 혹은 완벽하게 나쁜)을 그려내고, 특히나 '옛날 옛적에'처럼 구체적인 시대 배경도 없이 전개된다. 그럼에도 불구하고 우리는 이 모든 것을 즉시 이해할 수 있다. 상징적이고 예술적인 커뮤니케이션 방법은 이야기를 풍성하게 할 뿐만 아니라 매우 효과적이다. 이는 시간이 흘러도 여전히 사람들에게 매력적으로 남아 있는 이야기가 증명한다.

우리 대부분은 이러한 전래동화를 어린 시절에 처음 접하는데, 사실 이런 이야기는 어린이만을 위한 것이라고 말하기 어렵다. 이야기 안에는 우리 모두가 배울 수 있는 정신적이고 도덕적인 교훈이 숨겨져 있다. 이야기는 어떤 것이 해결되면 갈등이 뒤따른다는 것을 이해하게 해주기도 하고, 언제든 빠져나갈 길이 있다는 것도 가르쳐준다. 이런 면에서 이야기가 우리에게 안전망을 제공해준다고도 할 수 있다. 동화를 통해 우리는 세상이 어떻게 돌아가고 있는지 배우고, 우리의 세상이 어떻게 되어가야 하는지에 대한 개념을 형성할 수 있다.

성장을 위한
필수요소, 동화

동화는 다양한 형태의 이야기 중에서도 가

장 돋보이는 역할을 해왔으며, 인간이 세상을 이해하는 가장 중요한 기제 중 하나다. 동화는 실제와 가상의 경계, 삶과 죽음의 경계를 탐색한다. 동화에서는 놀라운 일이 일어난다. 동물이 말을 하고, 사람이 동물로 변하고, 요정이 도와주고, 마귀가 이간질하고, 용이나 다른 괴물이 우리를 기다리기도 한다. 그리고 늘 기적이 일어난다. 이러한 '다른 세계'로 들어갈 때 우리는 결국에는 새로운 인식, 그리고 새로운 에너지와 희망을 가지고 돌아올 수 있다는 기대를 갖게 된다.

동화가 어린이들을 위한 것이라는 인식은 비교적 새로운 것이며, 이는 디즈니 효과Disney effect로 인해 더욱 강화되었다. 고전 동화에서 불건전한 부분을 삭제한 만화 버전은 원래 있었던 복잡성과 관능을 제거해냈는데, 그 과정에서 동화가 가진 많은 상징이 상실되었다. 덕분에 우리 대부분은 익숙한 총천연색 만화에 현혹되어, 동화의 여러 버전이 내포하고 있는 어두운 면을 알아채지 못하게 되었다.

동화는 은유와 상징적 서사를 통해 인간의 일부인 야만적 성향을 통제하려는 투쟁의 결과이다. 또한 동화는 인간 내부에 있는 비밀과 두려움을 가두어놓은 창고이기도 하다. 얼마나 많은 동화가 버림받음, 형제간의 질투, 굶주림, 살육, 살인, 강간, 근친상간 같은 최악의 두려움을 극화했는지 생각해보라. 어린 시절에 읽었던 동화가 평생 뇌리에 남아 있는 것은 이상한 일이 아니다. 그러나 이 같은 이야기를 읽거나 들음으로써 우리는 우리 내면의 두려움을 이겨내고 무엇이 옳고 그른지 배우게 된다. 진화심리학의 관점에서 보면, 동화는 인생에 내제된 어려움을 해결할 수 있도록 돕는 성장의 필수품이기도 하다.

동화의 구조적 패턴

대부분의 동화에서 주인공은 흔히 평범한 모습으로 시작한다. 거기에 극적 요소가 더해져 가난하거나 사별로 혼자가 되거나 버려지거나 감옥에 갇히거나 조롱을 받거나 불쌍하기 이를 데 없는 초기의 삶을 살아간다. 그럼에도 그들은 끊임없이 특별한 무엇인가를 추구한다. 이야기 전반부에 주인공은 따분한 삶에 안녕을 고하고, 흥미진진한 미지의 세계로 들어가라는 '소명'을 받는다. 주인공은 종종 이 운명에 저항하지만, 계속되는 압력에 결국은 소명을 받아들인다. 주인공이 소명에 응답하면 준비 과정이 이어진다.

곧이어 단조로운 일상에서 벗어나서 모험과 시련, 매혹적인 보상의 땅으로 향하는 영웅적 여행의 시간을 맞이한다. 다른 세상으로 넘어간다는 것은 위험을 감수하고 과업을 받든다는 뜻이다. 주인공은 그 과정에서 용을 퇴치한다거나 초가집을 황금으로 만드는 것과 같은 탁월한 위업을 달성하기도 한다.

이 지점에서 우리의 주인공은 목숨을 위협하는 위험에 처한다. 늑대와 곰이 득실거리는 칠흑 같은 숲을 지나거나, 무엇이 있는지도 모르는 산을 지나고, 끝이 보이지 않는 사막을 넘는다. 또는 운명을 완수해내기 위해 초인적인 노력을 하기도 한다. 그들은 용, 거인, 마귀, 마법사, 마녀, 심술쟁이 거인 등과 맞닥뜨린다. 다행히도 결정적 순간에 천사, 친절한 이방인, 안내자 동물 등의 모습을 한 조력자를 만나고, 이러한 조력자나 멘토는 주인공이 탐험을 하며 직면하고 이겨내야 하는 위험을 극복하는 데 도움을 준다(본서에서 우리의 주인공들은 큰 흰 까마귀, 이방인, 노파, 장인의 모습을 한 멘토나 조력자를 만났다).

그리고 나면 이제 여행에서 가장 강렬하고 극적인 부분이 시작된다. 과업을 마쳐야 하는 주인공은 능력을 시험받는다. 이 테스트를 통과하기 위해 그들은 모험을 하는 동안 얻은 기술과 통찰을 사용한다. 그리고 변화한 개인으로서 드디어 승자가 된다.

대부분의 동화에서 주인공은 환상의 세계에 존재하는 외적인 위험을 극복함으로써 살아남는 것이 아니다. 오히려 인간의 내면세계에 존재하는 내적 위험을 이겨냄으로써 생존한다. 동화에 등장하는 사악한 계모, 천사, 어둠, 숲속의 위험, 요술 거울 등은 어지러운 내면의 감정 상태를 상징한다. 마치 통과의례 같은 다양한 시련을 극복하고 나면 주인공은 그들이 출발한 그 지점으로 은유적으로 '회귀'return'한다. 주인공은 예전의 세계로 다시 들어가지만, 완전히 탈바꿈된 사람이다. 그 모든 것은 전과 같지 않다.

동화는 우리가 파악하고 직면해야 하는 내면의 어두움을 극화한 것으로 해석할 수 있다. 깊고 어둡고 위험하여 기어코 길을 잃고 마는 숲은 우리가 닿을 수 없는 무의식의 세계와도 같다. 이러한 깊은 숲은 야생동물이 있는 미지의 공간이기도 하지만, 진정한 자신을 찾을 수 있는 전환의 기회를 주는 장이기도 하다.

그렇기에 숲속의 고난을 극복하고 나면 그 뒤로는 영원한 행복을 누릴 수 있다. 이야기 속에서는 재앙의 정점에서 처음 희미한 희망을 만난다. 그리고 모든 희망이 꺼져버릴 듯할 때 왕자가 도착하고, 악마가 실수를 범하고, 때로는 주인공이 죽음에서 깨어난다. 동화의 마지막 장면에서는 악마의 굴욕이나 죽음, 왕자 혹은 공주와의 결혼, 그리고 왕국 혹은 보물 등과 같은 대가가 돌아온다.

변화의 희망

만약 동화에 단 하나의 확실한 상수常數가 있다면 그것은 변화이다. 동화는 우리가 제대로 준비만 되어 있다면 언제든 변화할 수 있다는 것을 시사한다. 개인의 변화는 동화의 중요한 주제 중 하나다. 동화의 세계에서 주인공은 마침내 변화한다. 징그러운 모습이었다면 아름다워지고, 힘이 없었다면 힘 있는 사람이 된다. 가난했다면 부자가 된다. 이러한 양극화는 동화의 큰 특성이다.

동화의 진정한 힘은 선이 악을 물리치고, 치명적인 어둠의 경험이나 극단적인 좌절이 '영원한 행복'으로 이어진다는 서사적 장치에서 나온다. 이야기 속 주인공은 모든 시련과 고통을 극복하고 지혜롭고 강인해지며, 어떤 위험이든 헤치고 나갈 수 있게 된다. 동화는 우리가 영리하고 정직하고 관대하고 넉넉하고 겸손하고 친절하다면, 비록 모든 희망이 사라진 듯 보인다 해도 결국에는 행복한 삶을 맞을 수 있다는 것을, 그리고 우리 모두 변화할 수 있음을 말해준다.

누구나 아는 유명한 동화《신데렐라》를 살펴보자. 가여운 소녀는 아버지에게 방치되고 굶주리고 계모와 이복자매로부터 핍박받고, 모든 사람의 하녀 노릇을 해야 하는 끔찍한 환경을 견뎌내야만 했다. 그러나 기적이 일어나서 매력적인 공주로 변하고, 결국 왕자의 축복받은 신부가 된다. 덧붙여 이복자매들이 굴욕을 맛보는 장면은 '쌤통'이라는 마음을 불러와 이야기의 즐거움을 더해준다. 종종 이러한 역동이 일어나서 야수와 개구리가 멋진 왕자로 변하고, 아기눈사람이 실제로 어린아이가 되기도 한다. 이러한 이야기는 아무리 누추한 삶을 살아가는 사람이라도 멋진 삶을 누릴 수 있음을 제시한다. 이런 메시지가 보편적으로 사랑을 받는 것은 놀라운 일이 아니다. 우리가 동화를 사랑하는 이유는 이러한 이야기에 등장하는 마법이 우리 삶에도 일어나기 때문이다. 동화를 제대로 읽는다면, 우리는 다른 세계로 들어가서 경외감은 물론이고 격한 감동과 신비를 경험하고 한층 더 성장해서 개선된 세상으로 돌아올 수 있다.

상징적 표현과 꿈속 가상의 세계

동화를 읽다 보면 현실에는 우리 눈에 보이는 것보다 더 많은 것이 존재하고 있으며, 환상과 환영의 세계가 현실 아래 존재하고 있다는 것을 이해할 수 있다. 동화는 보편적 진리, 즉 선과 악, 빛과 어둠, 행복과 슬픔에 관한 인간의 핵심적 경험을 부지불식간에 전달한다.

동화는 어린이의 전유물이 아니지만, 어린아이들은 금세 동화에 매료된다. 우리 조상들이 그랬던 것처럼 어린아이들은 마법적 사고를 즐긴다. 아이들은 소원 성취, 말하는 동물, 초자연적 현상 등을 쉽게 상상할 수 있는데 이는 많은 동화에서 매우 중요한 요소이다. 아이들에게는 모든 것이 가능하고, 현실과 환상의 경계는 별 의미가 없다. 비록 어린 몸이라는 한계를 지녔지만, 동화 속에서 마법을 행하는 주인공에게 감정이입을 하면서 대리만족을 느끼기도 한다. 이런 환상을 반복해서 접하면, 인내심을 갖고 인생의 장애를 극복해나간다면 결국에는 보상을 받게 될 것이라는 믿음을 키울 수 있다.

동화 속의 상징주의는 때때로 매우 미묘하거나 극도로 잠재의식적이지만, 대부분은 가공되지 않은 소재가 분명하게 드러난다. 심리분석가 칼 융Carl Jung은 동화는 인간의 심리 상태를 순수하고 단순하게 표현한 '원형'으로서, 집단무의식을 쉽고 숨김없이 간결한 형태로 보여준다고 했다. 야생동물로 가득한 깊고 어두운 숲은 인간 내면의 두려움 또는 부정적 요소를 은유한다. 그곳은 때때로 악몽 속에 나오는, 우리가 깊이 들여다보지 않은 내면의 세계이기도 하다. 그곳은 위험하고 혼돈스럽지만, 융은 이러한 어두운 곳에서 가치 있는 것이 생겨난다고 주장한다. 우리가 외면해왔지만 우리 심성에서 야성적인 부분은 매우 중요하며, 우리를 가장 창조적으로 만들기도 한다. 우리는 야성적인 본성을 우리의 정체성에 발전적으로 포함시키려는 노력을 계속해야 한다.

인생의 어떤 경험은 어두운 구름처럼 우리 뒷덜미를 잡아끈다. 그렇기에 그런 경험에 맞닥뜨리면 일단 피해야 한다고 생각하기 마련이다. 그러나 뒤돌아보면 그런 경험이 매우 가치 있다는 것을 깨닫게 된다. 그것은 그간 무시해왔거나 의식·무의식적으로 피해오던 내면을 들여다보게 하여, 결국에는 우리를 발전시킨다. 경험의 배경이 되는 야생의 공간에서 우리는 개구리 왕자, 현명한 노인, 그

236

리고 황금 알을 낳는 거위, 할머니로 위장한 늑대, 사람을 잡아먹는 거인, 마귀, 식인 마녀 등을 만나게 된다. 처음 이런 글을 읽으면 이러한 상징이 단순히 수많은 이야기 속에 나오는 숲의 어두운 특징 이상으로 읽히지 않는다. 그러나 숲속에서 모닥불을 피워놓고 도란도란 동화를 이야기할 때도, 순진한 여행자를 노리는 강도부터 굶주린 곰과 늑대까지 숲속의 위험은 실재한다.

꿈과 동화는 공통점이 상당히 많다. 진화심리학의 관점에서 보면 동화는 꿈과 마찬가지로 실제의 삶에서 부딪히는 위험을 미리 연습하게 해준다. 하루 종일 뭔가 마음을 짓누르는 듯할 때, 우리는 꿈속에서 그 원인을 직접적으로 목격하거나 상징적인 모습을 보게 된다. 꿈은 깨어 있을 때보다 효과적으로 문제를 풀 수 있는 은밀한 극장이다. 꿈속에서는 의식적 검열이 적게 이루어지기 때문에 깨어 있을 때보다 더욱 빠르게 현실의 상황을 연결할 수 있다. 동화의 기능 역시 매우 비슷하다. 동화는 우리 모두가 알고 있는 연극, 그리고 우리가 제정신으로 살아갈 수 있도록 돕는 연극이 상영되는 공동의 극장 같은 것이다.

때로 두려움을 통해 경고하기도 하고, 다가올 무엇인가에 대비하도록 하는 꿈처럼, 동화도 삶이라는 여행에서 마주치게 될 위험에 대해 경고한다. 유혹에 빠지지 말고, 거짓을 믿지 말고, 타인을 폄하하지 말라고 말한다. 이러한 차원에서 동화와 꿈은 중요한 사회적 기능을 수행한다. 실제 삶에서는 경험하기 어려운 위험하거나 골치 아픈 상황을 경험하게 하고, 이를 어떻게 피할 수 있는지 가르쳐준다.

반복은 훌륭한 치유자가 될 수 있다. 잠재의식이 반복적인 꿈으로 떠올라 문제해결의 단초를 제공하는 것처럼, 인간의 반복 충동은 왜 우리가 특정한 동화에 끌리는지를 설명해준다. 우리는 특정 갈등 상황에 대해 통달하고자 할 때 같은 이야기를 반복적으로 듣고 읽는다. 이야기를 듣고 또 들음으로써 우리가 가진 어둠과 비참함을 다룰 수 있는 길을 찾으려 노력한다. 우리에게는 오늘도 처단해야 할 상징적 용, 마법을 부리는 마법사와 마녀, 그리고 풀어야 할 과제가 있다.

어떤 문화권에서건 동화는 귀한 인생의 교훈을 준다. 평범한 사람이 평범치 않은 상황에 들어간다. 그들이 겪는 기적과 같은 사건, 만남, 경험에 대한 묘사는 우리 모두의 경험에 유효하게 자리 잡는다. 그리고 우리의 공유된 역사, 개인적 역사에서 중요한 부분을 차지한다. 어린 시절 접했던 동화는 그 상징적 언어를 통해 어른이 될 때까지 큰 영향력을 행사한다.

리더의 여정,
그리고 동화

동화가 전달하고자 하는 핵심은 '정신적 성장'이다. 주인공은 집(행복했을 수도 괴로웠을 수도 있었던)을 떠나 어려움에 직면하고, 자신의 잠재력을 끝까지 발휘하여 결국에는 시련을 극복하고 승리(변화와 성장)를 만끽한다. 조직에서 리더들도 매우 비슷한 딜레마에 빠지곤 한다. 여러 면에서 리더들은 사람들이 흔히 갖는 권력과 권위에 대한 환상을 감안할 때, 현대 동화의 영웅으로 볼 수 있다.

동화가 전하는 수많은 교훈은 리더십이 맞닥뜨릴 수 있는 주요 '위험'을 묘사하고 있다. 그러한 동화 중 가장 유명한 것 중 하나가 바로 안데르센Hans Christian Andersen의 《벌거벗은 임금님》일 것이다. 이야기 속 임금님은 우리가 매일 마주치는 리더들과 매우 비슷하다. 그들은 위협적이고 심지어 무섭기까지 하다. 그러나 그들을 자세히 들여다보면 그들의 권력과 권위에는 알맹이가 없음을 알 수 있다. 그들은 마치 벌거벗은 임금 같다. 다른 예로 《백설공주》에 나오는 사악한 여왕도 있다. 나이 들어가는 리더는 젊은 세대에 대한 질투로 괴로워한다. 동화는 성공과 실패의 지도로도 읽힐 수 있다. 어떻게 하면 안전하고 행복하게 살 수 있는지, 그리고 어떻게 해야 의사결정에 있어서 치명적인 실수를 피할 수 있을지, 그 길을 동화 속에서 발견할 수 있다.

  기업이나 정치 리더는 기본을 살필 줄 알아야 한다. 부하직원이나 국민의 생계를 해결해줘야 하고, 그들이 경쟁에서 이기고 적을 물리칠 수 있는 방향을 제시하고, 또한 조직이나 사회와 화합을 이루면서 살아갈 수 있도록 도와야 한다. 그들은 희망을 파는 사람이다. 사람들이 공동의 정체성을 만들어가도록 집단적 상상력을 불러일으켜야 한다. 이와 반대로 역기능적 리더는 조직과 사회에 혼란을 야기하고, 부하직원이나 국민을 비참하고 힘든 상황에 몰아넣고, 불협화음과 무질서로 점철된 집단을 만들어버린다.

  동화는 리더들이 마주하는 난제를 해석해낼 수 있는 수단이며, 갈등 가득한 사안을 탐색해볼 수 있는 기회를 제공한다. 이야기는 경영자들이 겪는 온갖 문제를 어떻게 다루어야 하는지를 훌륭하게 묘사해낸다. 이러한 이야기는 기쁨이나 감동을 주거나 보편적 진리를 가르치기보다는 졸음을 유발하는 대부분의 리더십 관련 서적보다 훨씬 더 큰 영향력을 미칠 수 있다. 동화는 효율적인 리더십과 역기능적인 리더십의 모습을 우리 마음속에 각인시킨다.

  동화는 상상력을 자극하고, 자신이 가진 감정의 정체를 알게 하며, 문제와 불안에 대한 해결책을 제시한다. 왕, 여왕, 왕자, 공주, 그리고 다른 등장인물들은 리더들이 직면한 어려움의 화신이다. 동화에 등장하는 사건과 조직생활에서 일어나는 과업, 도전, 화려한 포상, 승계 쟁점, 다툼에는 유사점이 매우 많다. 리더십 딜레마를 이야기의 형태로 풀어낸다면 리더들의 변화를 이끌어내는 데 매우 강력한 촉매제로 작용할 것이다. 왜냐하면 동화는 언제나 가장 핵심적으로 인간의 변화를 촉구하기 때문이다.

스토리텔링은 리더의 가장 강력한 무기다. 리더는 듣는 사람을 이야기 속에 집어넣어서 직면한 도전의 종류를 묘사해낼 수 있으며, 그들이 특정 방향으로 가도록 설득하고, 좋은 행동과 나쁜 행동의 결과를 그려낼 수 있다. 동화 속 주인공처럼 리더는 다른 사람을 관리하기 이전에 자기 관리에 먼저 힘써야 하며, 조직원들이 서로에게 영향을 미치는 방식에 대해 다르게 생각하는 방법을 배워야 한다. 이야기를 통해 자신의 불안을 다스리는 법을 배운 리더는, 어려운 시기에도 스스로를 안심시키고 사람들을 이끌어나갈 수 있다.

리더십의 치명적인 다섯 가지 위험

나는 TED 강연회를 준비하며, 리더십의 정수를 제시하기 위해 리더들이 직면하는 다섯 가지 치명적 위험을 강조하는 다섯 편의 동화를 집필하기로 마음먹었다. 리더가 진정으로 주의를 기울여야 하는 것은 무엇인가? 그들이 마주하는 가장 큰 함정은 무엇인가? 이 책은 그 질문에 대한 답변이다. 여기 제시한 다섯 가지 이야기는 리더십의 비밀스러움과 관련된 가장 근본적인 문제를 다룬다. 또한 이 이야기는 경영자들이 다양한 과제를 수행하는 과정에서 직면하게 될 위험을 인식할 수 있도록 돕는다.

그렇다면 어떤 리더가 성공하고 어떤 리더는 중도에 사라져버릴까? 어떤 차이가 효과적인(성공한) 리더로, 혹은 비효과적인(실패한) 리더로 만드는 걸까? 이 질문에 대한 대답은 많은 리더들이 경험하는 첫 번째 위험 요소에 있다. 바로 자기 자신에 대해 아는 것이 부족하다는 점이다. 사람은 자기 자신을 알아야, 자기중심을 가지고 있어야 다른 사람도 이끌 수 있다.

두 번째 위험은 오만이다. 대부분의 리더는 너무나 거만하고 현실감각이 부족하다. 그렇기에 수많은 리더들이 그토록 자기 파괴적인 행위를 하는 것이다.

세 번째 위험은 사람들 각자에게서 최고의 능력을 이끌어내지 못하는 무능력이다. 역기능적인 리더는 그들과 함께 일하는 사람들의 능력을 이끌어내는 데 실패한다. 그들은 부하직원이 스스로 할 수 있다고 생각하는 그 이상을 끌어낼 방법을 모른다.

네 번째, 그리고 가장 큰 위험은 제대로 작동하는 팀을 만들어내지 못하는 것이다. 효과적인 리더는 자신의 한계를 알고 받아들여, 자신에게 없는 장점을 가진 사람들로 주위를 채운다. 상호보완적인 사람들로 스타 임원진을 만들어낼 줄 안다.

다섯 번째 위험은 인재 무덤을 만드는 것이다. 무엇이 리더들이 좋은 일터를 만드는 것을 방해하는가?

본서에서 나는 다섯 편의 우화를 통해 다섯 가지 치명적 위험을 극화하려 시도했다. 대대손손 인간의 심금을 울리는 이러한 동화의 마법에 반응하지 않을 사람은 없을 것이다. 아무리 마음이 굳어버린 리더라 하더라도 이 동화 속 세계에서 일어난 일에 반기를 들 수는 없을 것이다. 동화는 삶에 용기를 북돋아주고, 무의식적으로 인생의 긍정적인 측면에 서게 만드는 힘이 있다. "그 후로 행복하게 살았답니다"는 결론이 아니라, 더욱 희망적인 현실로 가는 또 다른 관문일 뿐이다. 이러한 이야기를 통해 우리는 외부 세계에서 필요한 교훈을 얻을 뿐만 아니라 우리 내부로 향하는 여행을 시작할 수 있을 것이다.

동화가 제시하는 메시지는 리더의 지위에서 무엇을 해서는 안 되는지에 대한 경고이기도 하다. 그러나 이는 희망과 더 나은 것을 이루어낼 수 있다는 신념을 불러일으키기 위함이다. 이야기는 모두 리더가 해야 할 일과 해서는 안 되는 일을 제시한다. 나는 리더들이 이 동화를 새로운 눈으로 읽고 귀를 열기를 바란다. 이 책을 읽는다는 것 자체만으로 이미 당신은 더 나은 리더가 될 준비를 마친 셈이다.

동화는 인생이 우리에게 던진 어려움을 극복하는 과정을 다룬다. 우리는 시시때때로 고통, 무기력, 슬픔, 그리고 두려움 등과 마주친다. 이에 대한 보상으로 우리는 본능적으로 판타지나 이야기를 찾게 된다. 우리가 우리 스스로에게 하는 이야기들은 우리가 처한 조건들을 다루는 데 도움이 된다(판타지나 이야기를 통해 지금 겪고 있는 어려움을 극복할 수 있으리라는 희망을 갖고 악조건을 극복해낼 수 있다-옮긴이). 우리는 동화 속 마법 같은 일이 어른이 된 이후에도 현실 속에서 계속되기를 바란다.

리더를 위한 이 동화를 선택했다는 것 자체로, 나는 당신이 조직 생활과 그 좋은 측면과 나쁜 측면, 그리고 일이 잘되었을 때의 기쁨과 제대로 되지 않았을 때의 고통에 이미 익숙할 것이라고 생각한다. 책을 읽으면서 각각의 이야기에 당신이 어떠한 반응을 보이는지 점검해보았기를 바란다. 이 이야기는 내게 어떤 감정을 갖게 하는가? 이 이야기에 나의 뇌리를 때리는 뭔가가 있는가? 등장인물 중에서 친숙한 존재가 있는가? 어떤 도전 과제가 숨겨져 있는지 발견했는가? 나의 조직이 지금 저주에 걸린 상태는 아닌가? 지금 나의 일터는 행복한 곳으로 거듭나고 있는가?

이러한 질문을 하는 과정에서 서서히 성장과 변화의 발판을 마련할 수 있을 것이다. 동화 속 이야기처럼 당신 역시 해피엔딩을 맞이하길, 그리고 계속해서 더 큰 희망과 행복을 발견하길 바란다.

MEMO

옮긴이

김현정 | 비지니스 리더들을 돕는 코치이자, 컨설턴트, 교수, 코칭 사업가로 활동 중이다. 미네소타 대학에서 상담심리학을 공부하고, 삼성전자 리더십 개발센터 등에서 경력을 쌓았다. 코치 양성을 목표로 콜럼비아 대학에서 조직과 리더십 전공 박사학위를 받았다. 숭실대학교 경영학부 조교수, 아주대학교 협상코칭연구센터 센터장을 거쳐 현재는 〈숭실대학교 혁신 코칭/컨설팅 센터〉 주임교수를 맡아 국내 최초 리더십 코칭 프로그램인 리더십코칭 최고위 과정을 론칭했으며 '이그제큐티브 코치 소사이어티 Executive Coach Society'를 운영하고 있다. 옮긴 책으로 맨프레드 교수의 『리더십 롤러코스터』(2019) 『삶의 진정성』(2018) 『블루오션 전략 확장판』(2015)이 있다.

문규선 | 국내외 기업에서 CFO, COO, CEO로 임무를 수행했으며 중소 중견기업에서 가업승계, IPO 전략, 변화관리 등을 자문하면서 의사결정회계, 인문학과 리더십, 승계전략 등을 강의하고 있다.

리더는 어떻게 성장하는가

1판 1쇄 발행 2017년 3월 2일
2판 1쇄 발행 2022년 1월 24일

지은이 맨프레드 케츠 드 브리스
옮긴이 김현정·문규선
펴낸이 하인숙

기획총괄 김현종
책임편집 백민영
디자인 표지 [★]규 본문 김정연

펴낸곳 ㈜더블북코리아
출판등록 2009년 4월 13일 제2009-000020호
주소 서울시 양천구 목동서로 77 현대월드타워 1713호
전화 02-2061-0765 **팩스** 02-2061-0766
블로그 https://blog.naver.com/doublebook
인스타그램 @doublebook_pub
포스트 post.naver.com/doublebook
페이스북 www.facebook.com/doublebook1
이메일 doublebook@naver.com

ⓒ 맨프레드 케츠 드 브리스
ISBN 979-11-91194-55-5 (03320)